o ciclo da moda

o ciclo da moda

Marta Kasznar Feghali e Erika Schmid (orgs.) |
Fátima Bota | Paulo Bertone |
Tatiana Messer Rybalowski | Vera Lima

Editora Senac Rio de Janeiro – Rio de Janeiro – 2013

O ciclo da moda © Marta Kasznar Feghali et al., 2008.

Direitos desta edição reservados ao Serviço Nacional de Aprendizagem Comercial – Administração Regional do Rio de Janeiro.

Vedada, nos termos da lei, a reprodução total ou parcial deste livro.

SISTEMA FECOMÉRCIO-RJ
SENAC RIO DE JANEIRO

Presidente do Conselho Regional
Orlando Diniz

Diretor-Geral do Senac Rio de Janeiro
Julio Pedro

Conselho Editorial
Julio Pedro, Eduardo Diniz, Vania Carvalho, Marcelo Loureiro, Wilma Freitas, Manuel Vieira e Elvira Cardoso

Editora Senac Rio de Janeiro
Rua Marquês de Abrantes, 99/2º andar
Flamengo – Rio de Janeiro
CEP: 22230-060 – RJ
comercial.editora@rj.senac.br
editora@rj.senac.br
www.rj.senac.br/editora

Publisher
Manuel Vieira

Editora
Elvira Cardoso

Produção editorial
*Karine Fajardo (coordenadora),
Camila Simas, Cláudia Amorim e
Roberta Santiago (assistentes)*

Copidesque
Maria Isabel Borja

Projeto gráfico (capa e miolo)
Gabriella Carneiro

Ilustrações do miolo
Gabinete de Artes | Axel Sande

Reimpressão da 1ª edição:
fevereiro de 2013

Impressão: Walprint Gráfica e Editora Eireli

CIP-BRASIL. CATALOGAÇÃO-NA-FONTE.
SINDICATO NACIONAL DOS EDITORES DE LIVROS, RJ.

C499

O ciclo da moda
/ Marta Feghali e Erika Schmid (orgs.) ; Vera Lima... [et al.]. –
Rio de Janeiro: Ed. Senac Rio de Janeiro, 2013.
168p. : il. color. ;
16cm x 23cm

Inclui bibliografia
ISBN 978-85-7756-002-8

1. Moda. 2. Moda – Aspectos econômicos.
I. Feghali, Marta Kasznar, 1961 –. II. Schmid, Erika.

06-4338.   CDD 391
                              CDU 391

Agradecemos à MODA *por ter nos unido e nos conhecido.*

Sumário

Apresentação – Moda... Quatro letras **9**
    Beth Filipecki

Batendo perna
Forças que influenciam o comportamento do consumidor de moda **13**
    Marta Kasznar Feghali

Há sempre uma releitura? **47**
    Vera Lima

Detalhes tão pequenos
A importância dos aviamentos e acabamentos na construção dos valores extrínseco e intrínseco do produto de moda **93**
    Tatiana Messer Rybalowski

Lançando moda
Estratégias para o sucesso de grifes e confecções **109**
    Erika Schmid

Uau! Que atendimento!
A importância do atendimento em lojas de moda **127**
    Fátima Bota

Autoestima também para quem vende moda
Motivação e endomarketing no varejo de vestuário **143**
    Paulo Bertone

Apresentação

Moda... Quatro letras

O olhar da moda é um exercício dos sentidos, do intelecto e do espírito humano. Quem curte moda propõe, então, uma revolução. Alguns estrondosamente. Outros, como nossos autores, sem nem sequer gerar ruído, apresentam temas pertinentes ao mundo fashion, conduzindo a novas possibilidades criativas.

Este livro está repleto de autoestima, geradora de novas conquistas, que a paixão do fazer seduz, mostrando que não podemos deixar de aproveitar as oportunidades oferecidas pelos encontros da vida.

Estes seis profissionais buscaram e aqui encontraram uma forma de atingir seus objetivos, agregando valores pessoais, no desejo singular e permanente de estimular o progresso coletivo. Roupa é proteção, identidade e cultura. Roupa é linguagem. E é também, desde a primeira Revolução Industrial, mercado de trabalho. Um mercado que se tornou complexo, que envolve inúmeros tipos de profissionais e exige uma qualificação cada vez maior de seus pares, premissa fundamental na atividade criadora. Nesta coletânea, os autores vinculam suas experiências profissionais e didáticas, defendendo e ilustrando temas abordados ao longo dos capítulos, ao universo fashion, dando, cada um, muito à vontade, o seu testemunho, cruzando palavras, reinventando modos e modas, tecendo, brincando, criando um jeito novo de falar da sempre fascinante aventura humana; na verdade, um grande desafio.

Segundo Tatiana Messer Rybalowski, em seu artigo "Detalhes tão pequenos", a associação de criatividade, design e conhecimento técnico traz ao produto qualidade diferenciada na indústria de moda e confecção. Dominando uma linguagem extremamente articulada com os modernos conceitos sobre a importância dos acabamentos na construção do valor extrínseco e intrínseco do produto de moda, essa indústria amplia um universo de possibilidades artísticas muito pertinentes à busca de uma identidade visual personalizada.

No Brasil, seguindo a tendência mundial, surgiram escolas de moda e design que têm como objetivo formar profissionais que ocuparão várias funções no mercado da moda. Como moda é glamour, modernidade, tecnologia e luxo, e qualquer empresa pode se apoderar dessa imagem, Erika Schmid, em "Lançando moda: estratégias para o sucesso de grifes e confecções", vem somar importantes conceitos às técnicas comerciais para o varejo de moda. A moda dita tendências e procura, por todos os meios, que elas sejam seguidas.

Cabe a todos os envolvidos com esse setor, por meio de reflexão de marketing e comunicação, desvendar os segredos do mercado, aliando visão empresarial, talento e seu comprometimento pessoal com a moda.

Neste mundo globalizado, da era do conhecimento, de fronteiras tão tênues e flexíveis, a moda nasce e renasce a cada novo pensamento, na velocidade da informação, alimentando-se dos acontecimentos, dos comportamentos do aqui e agora, propondo-se, democraticamente, a servir a todos.

Em seu artigo "Há sempre uma releitura?", Vera Lima contextualiza um universo mutável e mutante, de infinitas possibilidades e infinitas releituras, e instiga os leitores a refletir sobre a questão destas últimas, colhendo variados depoimentos de conhecidos profissionais na área cultural e enriquecendo, assim, essa interessante abordagem histórica e moderna. Citando Fontán de Junco, "o mérito da moda como arte é que conseguiu estabelecer uma ponte entre a beleza e a vida. A moda é uma arte que se usa, que se leva para a rua; é uma arte de consumo a que todos têm acesso", sendo fundamentalmente uma arte humana, feita pelo homem e para ele.

Desse modo, ela exige o comprometimento de pessoas com a excelência de atendimento. Esse é o tema de Fátima Barbosa Bota, em "Uau! Que atendimento!: a importância do atendimento em lojas de moda". Qualidade não se faz apenas com tecnologia, mas com a atenção dirigida ao atendimento personalizado, às necessidades específicas de cada consumidor. O atendimento pessoal faz com que o cliente seja introduzido como protagonista nesse mundo de sonhos que é a moda. A parceria é essencial para a eficiência dos negócios.

Em "Batendo perna", Marta Feghali reflete sobre as forças que influenciam o comportamento do consumidor de moda, analisa a socialização da informação de moda em relação à produção, à organização, ao controle e ao uso concreto das relações, o que propicia a geração de conhecimento do indivíduo, do grupo e da sociedade. Ao longo de seu trabalho, mostra que, nesse processo, as roupas estão interligadas a cotidianos de vivência e convivência. Marta sinaliza atitudes e comportamentos nas reações de pessoas e grupos. Observa a importância dessas informações como geradora do desejo do consumidor e revela como esse julgamento de valor sofre influência das informações de moda. E, por fim, aponta quem são os formadores de opinião e como a moda-força domina o nosso comportamento, acionando estratégias de comunicação para "informar e deformar" o nosso gosto; vínculos indissociáveis entre práticas informacionais de moda e relações de poder, influenciadas pelo capital cultural, econômico e social.

Na cultura ocidental, o instável mundo da moda continua estabelecendo prioridades. O texto de Paulo Bertone, "Autoestima também para quem vende moda: motivação e endomarketing no varejo de vestuário", examina essas novas alternativas, por meio da história de Zu & Zu; e, à medida que viaja na cabeça dessas duas mulheres atraídas pelo desejo de criar, elabora um passo a passo engraçado, singelo mas fascinante. Munidas de muita imaginação e sólida vontade de vencer, a dupla é pura disciplina e determinação. Cumprir metas é com elas. Sem pretensão de ser uma melhor do que a outra e agregando os valores individuais, equilibram suas diferenças para uma unidade coletiva e estratégica. De algum modo, aprendemos uns com os outros, imitando e distinguindo.

Espero carinhosamente que o leitor aproveite esta leitura como eu aproveitei, e possa dizer como Aristóteles: "O que está benfeito não se pode tirar nem pôr, porque tanto o excesso como o defeito tiram a perfeição."

Beth Filipecki
FIGURINISTA

Marta Kasznar Feghali
Estilista, consultora e professora de Desenvolvimento de Produto/Coleção e Merchandising no Varejo.

Batendo perna

Forças que influenciam o comportamento do consumidor de moda

> "O que é consumido é a sociedade de consumo como valor cultural global."
> *Jean Baudrillard,* A sociedade de consumo

Introdução

Este artigo estuda a assimilação da moda em diferentes contextos sociais, políticos e culturais, analisando a socialização da informação de moda em relação à produção, à organização, ao controle e ao uso concreto, por meio do qual o conhecimento é assimilado pelo indivíduo, pelo grupo e pela sociedade. Assim, meu foco principal são os efeitos da informação de moda no gosto, na escolha e no ato da compra de um produto de moda, bem como na atitude e no comportamento do indivíduo.

Busco caracterizar o mundo da moda apontando os agentes de poder, sedução e *status* que contribuem para a compra e a venda do produto de moda, dos quais derivam analogias econômicas. A entrada nesse mercado mobiliza e acarreta um custo. Esse não é um mercado elástico: quando alguns entram, outros devem sair. Ele também deve ser alimentado regularmente por produtos em equilíbrio harmônico entre a rarefação e a superprodução. Alguns estilistas escolhem o sistema da produção em massa, ou seja, o prêt-à-porter, ao passo que outros preferem a estratégia da raridade preciosa do luxo, a alta-costura.

Procuro também apontar quem são os formadores de opinião e como a moda-força domina o nosso comportamento, acionando estratégias de comunicação para "informar e deformar" o nosso gosto. Os produtos de moda devem ser objeto de campanhas publicitárias sedutoras que atraiam o público. No intuito de aumentar as vendas, estilistas e publicitários jogam com a magia e o mistério que envolvem os objetos. Para cumprir esse objetivo, os estilistas, de um lado, e os compradores potenciais, de outro, vivem à custa de intermediários, desenvolvendo relações parasitárias com os compradores de lojas de departamentos, supermercados e rede de lojas, promotores e produtores de moda, publicitários, editores, colunistas e repórteres de moda. Parasitas e parasitados são condenados a viver juntos: conexões e relações se estabelecem, reforçam-se e evoluem.

A mídia influencia o modo de vestir sugerindo padrões culturais pelas formas e cores do que se diz "estar na moda" e pela veiculação de silhuetas aprovadas e reconhecidas pelo mundo da moda e por ela mesma. Na vitrine, encena-se um jogo de valores, no qual circulam valores sociais, econômicos e culturais da sociedade e dos seus segmentos partitivos. Quem circula nos corredores dos shoppings, nas ruas, nas universidades, nas empresas está, na prática, desfilando, pois é visto pelos demais como modelo. Todos fazem parte da dualidade vender/expor: somos, ao mesmo tempo, homem e vitrine, sujeito da enunciação, misto de exposição, tentação e sedução. A sociedade consumista transforma seus indivíduos em "vitrines globalmente montadas", capazes de se estabelecer em qualquer parte do mundo.

Essa moda transmitida e legitimada por gigantescas redes de informação é como uma embalagem que reveste imagens perpetuadoras de comunicação artificial. Veste-se a moda-mídia e converte-se a vida em um cenário de espetáculo. A moda explicita a informação em roupas e comportamentos, produzindo sentido, transformando o *old-fashioned* em novo, o trivial em original, e destacando o indivíduo na multidão.

As lutas entre modas e indivíduos são ao mesmo tempo uma questão de vaidade, poder, *status* e reconhecimento de prestígio cultural. O custo desse jogo é muito alto, mas, em compensação, traz retorno e resultado.

Nesse universo, cada um dos protagonistas do mundo da moda tenta impor seu poder, seu domínio e seus desejos. Esses poderes e desejos são diferentes e, poucas vezes, totalmente inocentes. Consagrar-se à sua arte de criar roupas, adquirir reconhecimento e prestígio, ganhar muito dinheiro e ter uma carreira promissora dentro de uma empresa de confecção são alguns dos objetivos que dividem e separam os estilistas criadores. Comprar, olhar e ser olhado, ser admirado vestindo uma roupa criada por um estilista famoso e, também, adquirir prestígio e multiplicar sua riqueza e seu poder; eis as intenções dos clientes compradores assíduos. Os críticos querem tudo ao mesmo tempo: entender de moda, prever, escrever, organizar eventos, ser solicitados e fazer carreira.

Nessa rede de interações, todos os destinos são possíveis: um estilista pode falhar ou vencer, um empresário pode decidir fazer fortuna com outro tipo de negócio ou buscar unicamente o poder. Entre esses elos e nós – trama perfeita –, desvela-se um estudo de casos e dramas das vidas alheias. As vestimentas são sempre resultados da inter-relação que move a comunidade fashion: o estilista cria e o cliente compra o prestígio ou o *status* em forma de roupa. O estilista e sua equipe trabalham, e as empresas encomendam-lhes coleções para realçar a marca ou grife. Instituições, comerciantes, estilistas e consultores de moda determinam as tendências do mundo da moda, e essa pirâmide de poder se reproduz em todas as sociedades capitalistas.

A informação de moda, em particular, faz contribuições expressivas na construção de uma sociedade, pois é ela que transmite e dá identidade ao indivíduo, auxilia o consumidor a ganhar tempo, propicia a troca de experiências, presta um serviço de extrema objetividade, transpõe conceitos na prática, intervém na vinculação entre produtores e consumidores, fornece os meios de decisão e ação na compra e desenvolve forças produtivas que aumentam a produção de bens de moda.

Neste estudo, meu olhar centra-se na moda feminina e minha indagação é: como a mulher, sua maior consumidora, reage às mudanças na moda; como as informações de moda moldam os gostos e formam valores na sociedade?

Para responder, tentarei, em primeiro lugar, explicar o fenômeno da moda do vestuário segundo as técnicas mercantis da cultura de moda. Em seguida, uma análise dos valores em roupa demonstrará as estruturas complexas que motivam a compra de vestimentas. Uma terceira parte será consagrada ao indivíduo e aos mecanismos de decisão de compra num dado contexto, ou seja, as forças comerciais e sociais que influenciam o consumidor.

O tema analisado ao longo do trabalho mostra que, nesse processo, as roupas estão interligadas a cotidianos de vivência e convivência humanas. Roupas são afetadas por modas. Cotidianos são influenciados por moda. E, por influenciarem os seres humanos, as modas podem alcançar não só o jeito de vestir, mas também de pensar, sentir, crer, divertir e, assim subjetivas, influenciar também as maneiras pessoais e gerais pelas quais os indivíduos e grupos seguem as modas concretas. Investiga-se, portanto, um aspecto significativo – atitude e comportamento – nas reações de pessoas e grupos às modas em vigor.

As informações sobre o comportamento do ser humano diante das escolhas de compra foram obtidas em fontes secundárias e me levam a verificar que os indivíduos estabelecem seus valores pessoais por ordem de interesse. Na decisão de compra, o consumidor conceitua o objeto-roupa aplicando referências intencionais de forma representativa. Esse julgamento de valor sofre influências das informações de moda e é constituído pela imagem dos processos sociais: a tríade simbólica de poder, sedução e *status*.

Concluirei este artigo analisando as duas fases do sistema de moda – a especulativa e a formal – e demonstrando a importância da dialética da moda, que precisa constantemente ser informada e retroalimentada com os valores do consumidor. As considerações finais indicam o vínculo indissociável entre práticas informacionais de moda e relações de poder influenciadas pelo capital cultural, econômico e social e, por fim, levam-nos de volta à questão central: que variáveis determinam as atitudes e o comportamento de compra de moda da consumidora?

Técnicas mercantis da cultura de moda

Para abordar esse tema, é preciso averiguar dois aspectos da moda: as técnicas mercantis da cultura de moda e a aculturação da moda-mercadoria. As possibilidades de criação podem ser muito diferentes segundo o modo de expressão considerado; porém, nem por isso comunicam menos, na medida em que todas, em conjunto, devem-se opor à instauração de um espaço cultural de mercado e de conformidade, isto é, de produção para o mercado.

A moda é capaz de aparecer em tudo. A orgia linguística resultante lança um desafio incessante por meio de procedimentos visuais que estão presentes em todos os mecanismos de comunicação (música, shows, vitrines, estratégias publicitárias, desfiles televisionados etc.), tomando uma dimensão global. Isso leva à convergência das línguas da moda, que suprimiram fronteiras permitindo permutações e trocas ilimitadas, independentemente de todo conceito ou território. Esses signos são indeterminados, alternam-se de forma anárquica e sem finalidade, tendo uma relação apenas com a velocidade de consumo e de informação, que é propositalmente modificada e anulada. A moda é um sistema de signos abstratos que não tem nenhum sentido além do determinado por uma aceleração máxima e uma proliferação de mensagens. Na moda, a velocidade de comunicação é tal que a significação desaparece e muda de semestre em semestre; nos últimos tempos, de semana em semana, existindo somente no interior da noção cíclica das coleções. A perpétua alternância dos estilos faz reviver antigos modelos.

Pela mídia, os indivíduos aprendem como se comportar de modo que se encaixem, de acordo com as necessidades e as expectativas de sua sociedade. A mídia de massa tornou-se um dos principais caminhos para que as sociedades modernas "educassem" seus cidadãos. Numa economia de mercado, a mensagem da mídia é excessiva, e os consumidores são bombardeados com um amplo leque de "novos" e "melhores" produtos de que "precisam" para serem "felizes". Durante o processo de socialização, apreendem-se os valores congruentes com a sociedade, as marcas de comportamento socialmente aceitáveis, incluindo a vestimenta, as normas sociais, os costumes e as tradições culturais e os papéis e comportamentos a eles associados.

Por ser objeto material, a vestimenta é mais rapidamente adaptada pelas pessoas do que os objetos imateriais, como os valores. A roupa é tangível, pode ser tocada, examinada fisicamente e vestida, o que facilita muito a sua compreensão; ao contrário de uma ideia abstrata, que não pode ser vista e que, com frequência, é até mesmo difícil de ser descrita.

A política de comunicação do produto de moda segue a segmentação dos mercados – luxo simples e acessível, luxo médio e intermediário, e luxo ultrassofisticado e inacessível –, a fim de se fazer conhecer. Uma comunicação eficaz torna-se imprescindível para que o público-alvo esteja bem informado. Pelas campanhas de comunicação, o público-alvo deve conseguir identificar-se com o produto e sentir-se atraído a efetuar a compra. É comum profissionais de relações públicas em torno de acontecimentos mundanos, esportivos ou culturais fazerem inserções em revistas e organizarem campanhas orquestradas. A moda é um produto que se integra a todo tipo de mídia. O que importa é assegurar o destaque da mercadoria.

Todas as campanhas de comunicação do universo da moda devem ser lisonjeiras e suficientemente informativas, além de acessíveis a um vasto público. As campanhas publicitárias de moda recorrem cada vez mais a meios mais modernos e diretos de mídia, como a internet.

> Em qualquer dos casos, o sucesso de um produto ou de uma marca, ou a perenidade de uma marca, se alicerça na coerência total entre os veículos de mídia escolhidos, o volume e a qualidade da sua campanha de comunicação, assim como na harmonia entre suas diferentes políticas de produto, preço e distribuição.[1]

Valores em roupa

Pode-se resumir a tipologia pela qual as pessoas orientam seus interesses por roupas em seis valores básicos. É importante, contudo, ressaltar que, apesar de a maioria das pessoas reconhecer a existência dessas seis categorias de valores, haverá sempre diferenças entre elas, que serão determinadas pela hierarquia que cada indivíduo estabelecerá entre esses valores.

Valores teóricos – Associam-se à descoberta da verdade ou à procura por conhecimento como um potencial, organizando princípios para metas e comportamentos.

Valores econômicos – Estão relacionados a uma tendência de avaliar os objetos segundo sua utilidade. Um indivíduo que se apega fortemente aos valores econômicos pode estar interessado em satisfazer necessidades básicas e evitar perda de tempo, dinheiro e energia.

Valores estéticos – Guiam uma visão de mundo segundo a qual a vida aparece como uma série de eventos, cada um com o potencial de ser aproveitado e desfrutado. Os benefícios utilitários dos objetos não são tão importantes como os prazeres que deles provêm.

Valores sociais – Dizem respeito aos outros e foram associados à conformidade da vestimenta. Isso sugere que as pessoas se interessam por aqueles indivíduos que queiram se apresentar socialmente como elas. Um segundo tipo de valor social dá ênfase à necessidade de ser aceito e aprovado pelos outros.

Valores políticos – Referem-se ao desejo de obter poder ou sucesso, exercendo influência sobre os outros e ganhando reconhecimento. Estão

---

1 Allérès (2000, p. 210).

relacionados ao interesse pessoal de estar sempre na moda ou conseguir simbolismo de *status*.

Valores religiosos – Estão associados à busca por unidade pelas experiências da vida ou perseguem conexões significativas para alcançar uma vida filosófica. O misticismo e o supernatural podem fazer parte do interesse de uma pessoa que prioriza valores religiosos.

Cada pessoa constrói o seu sistema de valores priorizando aqueles pelos quais mais se interessa. Aqui, tratarei somente de três valores básicos, que, durante minha análise, mostraram-se os mais usuais e de escolha comum pelos consumidores de roupa e moda: os valores sociais, econômicos e políticos.

Cada cultura, assim como cada indivíduo, dispõe de própria hierarquia de valores. A cultura existe com base na expressão dos valores de massa, amplamente baseados e compatíveis com a hierarquia de valores dos membros da sociedade.

Na sociedade brasileira moderna, a maior parte dos valores de massa é determinada pela classe média baixa, por constituir a maior parcela da população. Alguns dos atuais valores de massa brasileiros e seu impacto na vestimenta são relacionados a seguir:

- O materialismo difundiu símbolos de *status* na vestimenta e ampliou tanto a variedade quanto a quantidade no guarda-roupa da brasileira: abomina-se a repetição de um modelo.
- O poder deve ser indicado pela extensão do guarda-roupa (roupas novas, usadas uma única vez), pela força de superioridade na distinção e pelo *status* econômico.
- A juventude fez com que os estilos se adaptassem ao corpo jovial, à viscosidade da pele e à cor do cabelo. Para a carioca, beleza é sinônimo de juventude e bonito é igual a novo.
- A sedução foi promovida pelo interesse em manter a sexualidade da juventude, ou seja, para as pessoas manterem-se sexualmente convidativas e apropriadamente sensuais, mas com decoro.
- A descontração impulsiona os gastos em artigos de consumo e, especialmente, em roupas voltadas para o lazer. Quanto menor, mais justo, mais transparente e marcante, melhor!

A informação cultural de moda assume as funções de elaboração dos valores reais da moderna sociedade industrial e produz um real próprio de representação e de simulação pela vestimenta que invade discursivamente a vida cotidiana.

Roupa-commodity

As roupas, em particular, não são apenas formas de comunicação usadas na descrição de um emissor, são também *commodities* ou produtos de consumo negociados a um custo. Esses signos são vendidos, em oposição às palavras, que não podem ser vendidas, ou às mensagens discursivas não verbais. As vestimentas envolvem custo e, portanto, não são igualmente acessíveis a todos os usuários potenciais. O objeto de consumo, a vestimenta, não tem significados inerentes; seus significados são formados na produção, no marketing e no uso. Apesar da publicidade de moda, dos *displays* das lojas e dos desfiles, o significado das roupas como *commodities* poucas vezes é inteiramente compartilhado.

> Em dezembro de 2000, Enaldo Souzalima Ribeiro[2] realizou entrevistas com uma amostra de jovens na faixa etária de 14 a 25 anos, moradores de Belo Horizonte, homens e mulheres em igual proporção, classes AB e CD, também em igual proporção, a fim de identificar os fatores que podem influenciar a decisão de compra de roupa do consumidor. As conclusões destacadas por Ribeiro tornam evidente que:
>
> ♦ A compra de roupas representa a soma entre a necessidade primária (fisiológica e de segurança) e a necessidade secundária (social, estima, autorrealização). Ela nunca é ou pertence a uma única categoria. A roupa "básica" corresponderia à necessidade primária (de vestir-se), e o traje "mais produzido", a uma necessidade secundária (de estima). Não é a compra de qualquer roupa que define o grau de importância na hierarquia das necessidades, mas a intenção e a ocasião em que será usada.
> ♦ O sentido, o valor da marca para forjar um estilo de vida é dado automaticamente pela empresa, mas forjado pelos jovens em contato permanente com os outros.
> ♦ A atitude dos outros é fundamental para formar a avaliação de alternativas, podendo até, em certos casos, antecedê-la, sem nenhum exagero.

---

2 Souzalima (2001).

- As marcas, as alternativas de compra não são avaliadas previamente pelos jovens ou calculadas antecipadamente para projetar ou alcançar determinado estilo de vida. O estilo de vida desses jovens, construído em conjunto, está na raiz da decisão de compra.
- Os jovens fazem da compra e do uso da roupa um exercício de relações de troca de informações com amigos, familiares e parentes. A decisão de compra individual é, portanto, tomada dentro de uma rede de relacionamentos.

Segundo a revista Veja, edição especial "Jovens", de setembro de 2001, os jovens brasileiros de classe média nunca tiveram tanto dinheiro na mão. E eles consomem mesmo, principalmente roupas. Uma pesquisa da Fundação de Proteção e Defesa do Consumidor de São Paulo (Procon-SP) mostra que eles estão mais preocupados com a estampa do que em se divertir. Mesmo os mais pobres gastam muito mais comprando roupas para sair à noite do que na noite em si.

DEZ GRANDES TENTAÇÕES EM QUE O ADOLESCENTE GASTA DINHEIRO[3]
1. Roupas e acessórios
2. Lanches fora de casa
3. Calçados e tênis
4. Guloseimas
5. Barzinhos e danceterias
6. CDs
7. Condução
8. Passeios
9. Material escolar
10. Cinema, teatro e show

---

3 Fonte: Pesquisa "O adolescente e a sociedade de consumo na cidade de São Paulo", realizada pelo Procon-SP e pela UniFMU, na revista Veja, edição especial "Jovens", set. 2001.

Moda manipuladora de comportamentos

A indústria cultural incentiva a conotar moda com modernidade. O que se pretende ao lançar no mercado uma coleção de moda não é apenas informar e sensibilizar, mas produzir significados. O vestuário de moda constitui-se de sentido; assim, o que se pede ao consumidor é que adote um comportamento estético, que faça uso de sua criatividade no jogo da sedução com o controle exercido sobre a peça já criada e conferindo o seu *status*.

Existe um mercado simbólico com oferta e procura de sentidos. Na cultura industrial, o vestuário e cada uma de suas peças, tanto quanto os eventos a eles ligados, serão reconhecidos e percebidos, tendo sido seus discursos previamente significados num processo social de comunicação. O produto de moda é, portanto, um objeto de consumo quando simboliza e se reconhece nele um discurso social carregado de sentido. Muitas vezes o conceito do produto precede o produto, ou seja, o processo de transformação da roupa em produto de consumo pode acontecer antes mesmo que o produto esteja constituído.

Foi o caso da marca Kookaï, na França, em 1983. Antes de abrir um ponto de venda, criou uma estratégia de marketing – revolucionar o universo de malha – que despertava um interesse fora do comum na consumidora jovem, de 15 a 25 anos. Quando a marca teve suficiente procura, lojas próprias iniciaram em 1986 a venda dos produtos da grife, que se tornaram um sucesso de marketing. (www.kookai.fr/home.html)

A agência incumbida de fornecer a carga semântica que transforma as roupas em objetos de consumo, por meio da comunicação de massa, ensina os comportamentos sociais e as práticas da vestimenta, estabelecendo os valores relativos ou os sentidos das roupas. A comunicação é o que permite ao homem realizar essa transformação, mudando a significação do produto. O discurso da moda não pretende remeter a um real empírico imediato, mas sempre a outros discursos já estabelecidos na cultura.

A oferta e a demanda no mercado de moda

A moda, esse fenômeno econômico e social, é estreitamente ligada à fabricação das vestimentas em série, ao marketing e ao poder de compra de camadas cada vez mais amplas da população. Por isso, o problema é estudado sob o ângulo do marketing e da gestão de design de moda.

O objetivo dessa especialidade consiste em orientar o conjunto das atividades da empresa com base nas necessidades, latentes ou existentes, dos consumidores. O conhecimento profundo dos consumidores, suas atitudes, seus problemas, suas motivações, são, portanto, estratégica e economicamente cruciais para os produtores e também para os distribuidores de bens e serviços.

O mercado, nesse caso o de vestuário, é um lugar de encontro de oferta e demanda.

O processo de encaminhamento dos produtos dos criadores ao consumidor final é longo. Ele dura em torno de 18 meses. A cadeia têxtil reagrupa todos os profissionais do setor do vestuário que intervêm na fabricação. Nela, encontramos no vértice os fiadores, depois os tecelões, em seguida os fabricantes e os distribuidores, e, por fim, os consumidores em sua base. Três grandes setores distribuem-se na indústria do vestuário: o feminino, o masculino e o infantil. Outros recortes intervêm conforme os produtos, como a moda praia e a malharia; e conforme a qualidade, alta, média ou baixa; e, ainda, conforme o segmento de mercado, juvenil, adolescente, gestante etc. Enfim, as empresas podem especializar-se por tipo de vestimenta (ternos, vestidos, calças etc.) e por qualidade de fibra (algodão, sintéticos etc.).[4]

A cadeia têxtil – vestuário – distribuição

A cadeia moda-varejo é composta por uma sucessão de operações distintas feitas por empresas especializadas. Segundo o efeito procurado, todavia, uma empresa pode diversificar-se, integrando certas fases. Os cruzamentos são múltiplos, e o esquema da cadeia, se ela tomar sempre o mesmo caminho, oferece mil opções.

Procura-se minimizar o risco ao longo desse ciclo. Nesse mercado complexo e instável, o sucesso ou o fracasso de uma nova moda é decidido, em último, pela consumidora. Sua atitude ante a inovação e suas reações, muitas vezes imprevisíveis e surpreendentes, opõem-se às exigências de uma indústria cujo elemento decisivo é o risco. Os problemas dessa indústria são vários, indo desde a matéria-prima até a venda ao consumidor final. A consumidora não se encontra frente a um bloco monolítico, a

---

[4] Para saber mais sobre os mercados da cadeia produtiva, recomenda-se a leitura do Capítulo 4 do livro *As engrenagens da moda* (Rio de Janeiro: Editora Senac Rio, 2001), de Marta Feghali e Daniela Dwyer.

um grupo unido que lhe imporia suas decisões. Muito pelo contrário, a estrutura do sistema torna as negociações, o entendimento e a concordância extremamente difíceis.

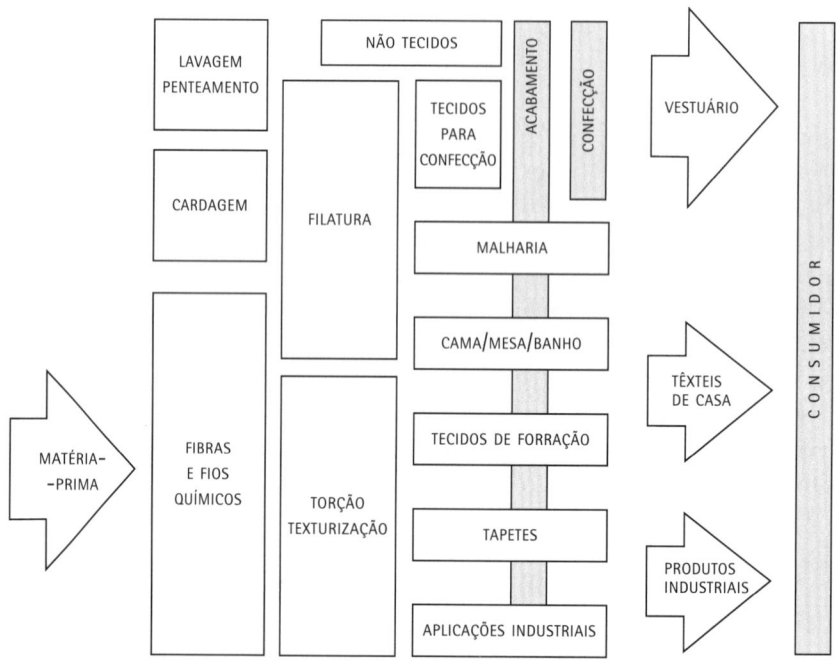

Fonte: Centre Textile de Conjoncture et d'Observation Économique (CTCOE). In Cetih: www.cetih.fr.

A motivação de compra de roupas

De acordo com o Manual de Concepção e Gestão de Coleções do setor de estilismo do Civec (Portugal), citado pela revista Vestir, a compra de produtos de moda nos anos 1960 era estimulada basicamente por três motivos: necessidade, ocasiões especiais e substituição. A maioria das pessoas não tinha recursos para comprar roupas além das suas necessidades básicas. Atualmente, por causa da produção em massa, das novas tecnologias e do aumento do poder de compra, os consumidores passaram a adquirir roupa com muita frequência e por motivos diferentes. Os motivos que levam o consumidor de hoje a comprar produtos de moda variam de pessoa para pessoa e de dia para dia. De qualquer forma, os mais comuns são:

- **Estar na moda** – Roupas ainda novas são descartadas só porque já saíram de moda.
- **Ficar atraente** – Roupas que realçam os atributos, tornando as pessoas mais bonitas.
- **Impressionar os outros** – Por meio das roupas (marcas), exibem-se o gosto pessoal e o poder de compra.
- **Ser aceito pelo grupo** – A semelhança do traje identifica quem o usa com o grupo do qual pretende participar.
- **Preencher necessidades** – Roupas novas fazem as pessoas sentirem-se melhor física e emocionalmente (autoconfiantes).

Para determinar a aceitação ou a rejeição de uma moda, tanto os fabricantes quanto os consumidores devem considerar os critérios usados na sua seleção. Com efeito, existem determinados elementos no vestuário que atraem ou repelem a atenção do consumidor para além das considerações habituais, como qualidade, preço etc. Os elementos de atração mais visíveis são a cor, a textura e o estilo. A cor é geralmente o primeiro aspecto da peça para o qual a atenção dos consumidores é atraída. As pessoas reagem de um modo muito pessoal a ela, sendo um fator fundamental de agrado ou rejeição. A textura do tecido é importantíssima, pois o sentido do tato está diretamente ligado à parte emocional do consumidor. O estilo é definido principalmente pelos seguintes elementos: a linha, a silhueta e os detalhes. Ele depende do grupo de que o consumidor faz parte e da sua consciência de moda. O seu julgamento será sempre condicionado pela sua opinião em relação a "o que é moda" ou "o que está na moda".

No ato da compra, o consumidor tece considerações de ordem prática, como preço, prova, adequação, marca, performance e confecção. O preço é a primeira delas. Ao seguir seus critérios (que variam de grupo para grupo), o consumidor analisa a peça e a sua relação com o preço. O *provar* e o *experimentar* a peça de vestuário são fundamentais na seleção. É dessa forma que o consumidor verificará se o tamanho é o certo, se a peça está bem confeccionada e, acima de tudo, se lhe cai bem. Uma ocasião específica requer a adequação da roupa. Existem muitos consumidores, impulsivos e/ou compulsivos, que compram roupas que acabam por não se adequar nem ao seu estilo de vida nem à situação. A marca identifica o dono/confeccionista ou a empresa. Muitos consumidores compram determinada(s) marca(s) em parte por causa da publicidade constante. A durabilidade de uma peça e a dificuldade ou facilidade de sua conservação constituem também fatores de seleção. A maioria dos consumidores quer roupas de fácil manutenção (exigências igualmente importantes para o vestuário de bebês e crianças). A qualidade da confecção – modelagem, construção e acabamentos – é também decisiva na aquisição de uma peça de vestuário.

> O exemplo que melhor ilustra a necessidade de experimentar a roupa e justifica a baixa venda de itens de vestuário via catálogo ou por internet é a calça jeans feminina. Ao entrar na cabine para trocar de roupa, a mulher vira imediatamente de costas para se ver no espelho e poder observar como a calça assenta por trás. Quando um mínimo defeito ou prega aparece nas costas, a calça é abandonada de imediato. Não pode existir espaço algum ou folga entre a calça jeans e o corpo da consumidora.

A decisão de compra

Estudando os componentes da adoção ou da rejeição de uma moda, percebe-se rapidamente que o comportamento de compra é resultante de um processo pouco conhecido. A decisão de adotar ou, pelo contrário, rejeitar uma novidade é tomada pelo indivíduo em um contexto social e cultural de causas múltiplas.

O comportamento *decidir* envolve um conjunto de comparações entre novas e antigas informações registradas. Há uma série de exemplos que comprovam que os indivíduos decidem com base em informações, sejam elas registradas anteriormente ou no instante da decisão. As informações veiculadas num filme, numa peça teatral, numa novela de TV ou em outro meio de comunicação determinam diferentes comportamentos nas pessoas. O comportamento determinado num indivíduo depende também de informações que ele assimila durante a vida até aquela ocasião. Em outras palavras, o comportamento de compra decorre do quadro de informações registradas e daquelas evocadas no momento em que ele se realiza. Vive-se inserido num ambiente familiar e num meio social e, portanto, fica-se sujeito a vários fatores de ordem familiar, social e cultural. Em todos os instantes da vida, a informação é um fator atuante. Ninguém ignora que outras informações, além das oferecidas pelos meios social e cultural, exercem uma ação de controle sobre os indivíduos. Hábitos e costumes também exercem grande influência em seu comportamento.

Não há dois indivíduos com o mesmo conjunto de signos. Há uma série de fatores que contribuem para essa diferenciação dos indivíduos, entre eles o convívio familiar, as informações passadas de pai para filho, geração após geração, e as experiências pessoais. Além disso, ainda que fosse possível que alguns indivíduos tivessem as mesmas relações de comunicação – pessoa/pessoa e pessoa/objeto – e que armazenassem também as mesmas informações, o discurso construído por cada um nunca seria o mesmo. Todo o processo de interatividade comunicativa, que servirá como base para cada indivíduo perceber e relacionar-se com o mundo, criar seu discurso, construir "realidades" e fazer suas escolhas, é completamente único e pessoal.

O ato de decisão ou comportamento *decidir* envolve uma série de comparações entre antigas e novas informações já armazenadas ou registradas na mente. Pessoas decidem com base em informações anteriores. A seguinte situação exemplifica o que descrevemos.

Uma dona de casa depara-se com um conjunto de toalhas brancas em oferta, numa embalagem transparente da fábrica. Por se tratar de liquidação, a loja achou melhor lacrar o pacote para não correr o risco de que ele fosse violado e seu conteúdo se sujasse ou sofresse danos. O preço era condizente com o produto ofertado, e as informações da marca em questão correspondiam às expectativas da cliente, mas, mesmo com tudo a favor, a mercadoria foi recusada pela consumidora. Por quê? A cliente pensou em tocar nas toalhas antes de comprá-las. A maior parte do vestuário e dos artigos de cama, mesa e banho enquadra-se nessa categoria.

Como nota Paco Underhill no seu livro *Vamos às compras: a ciência do consumo*: "Compramos coisas hoje em dia, mais do que nunca, baseados no teste e no tato." A loja poderia ter colocado um conjunto aberto servindo de mostruário, numa cor mais escura (não sujaria durante o período de exposição), para que todos pudessem afagar e sentir a textura da felpa da toalha. Esqueceu-se da lei que rege a compra: a mercadoria tem de ser degustada pelos sentidos.

Esse exemplo serve para concluir que as decisões tomadas pelos indivíduos baseiam-se nas informações que lhes são oferecidas antes e no momento de decidir a compra.

Ao estudar as roupas como objetos culturais, conclui-se que elas fazem parte de um sistema pelo qual a cultura envia mensagens para si mesma.

- Valores coletivos são produzidos e reproduzidos por meio das formas culturais. Isso significa que algumas aparências podem representar valores compartilhados numa cultura e, com frequência, são ligados aos sistemas de crença cultural. Uma forma cultural pode referir-se especificamente a um tipo abstrato de composição da aparência ou a um estilo de vestimenta utilizado para "categorizar" socialmente as pessoas.
- A cultura fornece cenas abstratas e representações da vida social. As imagens geradas pela mídia tendem a deturpar as representações abstratas ou hipotéticas que ocorrem na vida real. A indumentária imagética da mídia pode ser estereotipada ou exagerada a fim de facilitar a caracterização de uma identidade.

> Xuxa, por exemplo, virou uma figura comum que estampava merendeiras, pôsteres, capas de cadernos, fichários e similares. Endossou, até mesmo, um estilo próprio de roupa com a sua marca e também lançou produtos de higiene e beleza para crianças. Meninas de todo o Brasil queriam ser Xuxa, ou pelo menos vestir-se com o modelo "Xuxa-look".

- As pessoas usam códigos para decifrar os significados das representações culturais da vida social. O mundo está codificado. Imagens de vestimentas e aparência envolvem um tipo de linguagem silenciosa pela qual os significados são codificados e os conhecimentos compartilhados emergem.

O poder e a moda

A moda como fenômeno social dinâmico e interativo deixa entrever complexas relações com o **poder**, que se instauram quando duas ou mais pessoas estão engajadas numa troca de bens e ideias, ou seja, numa negociação. Existe, então, uma relação de força ou a procura de cooperação.

Ser ávido de poder é o mesmo que desejar reconhecimento. Duas classes enfrentam-se por meio de seus códigos distintivos de reconhecimento social: a dominadora busca permanecer no poder; a outra, ascender socialmente e equiparar-se à classe que detém o poder. A primeira conserva seus privilégios e marca sua diferença pelo recurso a usos inacessíveis a outras classes, persistindo em guardar delas a máxima distância. A segunda, sonhando em pertencer à classe dominante, copia seus usos adquirindo com frenesi produtos seletivos, tentando esquecer suas origens e apagar o fosso entre ambas.

As formas de distinção de gostos e de cultura são, de fato, distinções de classes e de frações de classes. (O termo distinção[5] foi aqui utilizado para remeter tanto à elegância quanto à vontade de diferenciar-se e separar-se.) Nada é neutro numa vestimenta. Cada elemento, material, cor, forma, estampa e ornamentos pode trazer significados de poder. A vestimenta participa da maneira como um indivíduo se posiciona no processo de evolução social. Por exemplo, os líderes podem lançar um tipo de moda porque já alcançaram a legitimidade, e os outros, os seguidores, reconhecem o seu poder.

Hoje, os códigos de distinção, representações das relações de poder, confundem-se: a banalização de peças como o jeans e a camiseta, e o desenvolvimento massivo do prêt-à-porter tendem a misturar distinções de classe, assim como de sexo, como o uso indiferenciado do jeans por homens e mulheres. Saber de que maneira um produto/roupa age sobre o indivíduo como força de compra ou apelo sedutor é uma das questões levantadas nesta parte do estudo.

Vários fatores que cercam o poder da moda devem ser levados em conta. Estar na moda, esse é o estímulo número um para a compra. Ser atrativo e gostar de parecer bem são quesitos embutidos no poder. O desejo de impressionar está ligado ao de possuir etiquetas. Ser aceito como membro de um grupo envolve vestir-se de acordo com seus padrões. E, às vezes, uma necessidade emocional pode fazer com que possuir a roupa que despertou o desejo se torne quase uma ordem ou obrigação. Para não se tornar uma vítima fashion, portanto, é fundamental saber dosar as peças poderosas com harmonia num look total e controlar os impulsos de compra sem sucumbir a todas as tentações, forças inerentes à moda.

---

5 Bourdieu (1979).

Sedução: uma estratégia codificada

A sedução pode ser definida como estratégia consciente ou inconsciente que permite atrair sobre si a atenção do outro. Sedução não se reduz a conquista sexual. Ela é também exercida nas esferas intelectual, política e artística, porque, como nota o filósofo Jean Baudrillard no livro *Da sedução*, "a sedução nunca é da ordem da natureza, ela é da ordem do artifício", sempre regida por um conjunto de códigos e regras que varia segundo a época e a cultura. Usando o corpo como suporte necessário, a sedução explorará frequentemente o indivíduo que faz uso da vestimenta. Trata-se, portanto, de bem construir a sua aparência pela roupagem, a fim de acumular o máximo de chances de se fazer notar.

Os vetores da sedução

Se somente o olhar dos outros é interpelado, o sedutor só pode contar com a silhueta, as vestimentas, os enfeites do corpo, o penteado, os sapatos, os acessórios, as jóias e a maquiagem. Se os outros sentidos são solicitados, contudo, a vestimenta perde a sua força. A voz, o discurso, os gestos e o perfume tomam a dianteira.

De fato, se considerados isoladamente, os instrumentos de sedução, e, entre eles, a vestimenta, necessitam ser frequentemente confirmados pelos signos fornecidos aos outros sentidos, para não correrem o risco de ser mal interpretados. Naquilo que, todavia, se poderia chamar de autossedução, quer dizer, agradar a si antes de agradar, o indivíduo, objeto e sujeito de sua própria sedução, recorrerá antes à vestimenta. O sociólogo Pierre Bourdieu comenta: "A eficácia propriamente mágica do ritual se baseia na troca silenciosa e invisível."[6]

O papel da vestimenta na sedução

O destino da moda é a pura sedução. Mesmo sendo relativo, o papel da vestimenta no conjunto dos instrumentos da sedução conserva sua importância, sobretudo na primeira fase de atração do interesse. Na sedução sexual, a roupa brinca com a sugestão, a provocação, o interdito, o proibido e o desvelar sem mostrar. Duas fórmulas resumem a roupa e lhe conferem vida autônoma de sedução: o "vestir" e o "despir", dois gestos complementares simbolicamente.

---

6 Idem, 1982, p. 7.

Status: competição social

A moda será tratada nesta seção como um produto de competição social. A sedução é somente uma parte do poder da moda, reflete-se num jogo de pessoas tentando sobrepujar umas às outras e estimulando umas às outras ao excesso. Esse poder de elevar socialmente, que ergue uma barreira entre classes e clama por um lugar no topo, é que transforma a moda em um negócio de poder esnobe e exclusivista. Para defender sua posição na hierarquia de classes sociais, é preciso entender o código de normas e enquadrar-se nele. Para isso, é preciso tempo e dinheiro. Nesse patamar, um erro na moda não é tanto um desajuste estético e, sim, uma gafe social e moral. O que confere *status* à roupa é a renovação constante no guarda-roupa, esse movimento intermitente de "entrar na moda" e "sair de moda", ou seja, a novidade. Na realidade, sempre estamos às voltas com o que é in e o que é out. Lutamos pela nossa afiliação a um grupo, para não ficarmos à margem ou excluídos. O *status* é um artigo apreciado que se confere ao belo. Sem seu significado social, a vestimenta parece não ter valor.

Vestimentas: instrumentos de *status*

As sociedades de consumo muito desenvolvidas tornam os objetos cada vez mais acessíveis e desmistificados, e medem seu valor pelo uso dos objetos adquiridos ou pelo valor de troca (objeto adquirido transformado em mercadoria).

Os bens adquiridos são troféus; exibi-los é pertencer à sociedade de consumo, barganhar numa economia que suscita um crescimento intenso e contínuo da oferta e da demanda. Esses bens permitem, portanto, a aquisição dos valores/signos ou valores de troca/signo, instrumentos de hierarquia social. Quando se compra uma peça de vestuário, confere-se a esse produto-roupa um valor.

Quando uma vestimenta é adquirida por herança, geralmente lhe é atribuído um valor sentimental. As roupas de esporte, roupas de praia ou casual wear libertam homens e mulheres dos seus valores burgueses e tradicionais, dando acesso aos valores lúdicos: cultura, férias, lazer e entretenimento.

O valor é tão subjetivo quanto a sedução: ela toma corpo em diversos aspectos. Assim, o valor de um objeto deve ser analisado por dois aspectos: o valor a ele atribuído e o valor que o indivíduo se atribui a si mesmo pelo uso desse objeto. Jean Baudrillard explica: "Vaga cumplicidade de uma oferta e de uma demanda, a sedução é apenas um valor de troca que serve à circulação das trocas e ao azeitamento das relações sociais."[7]

Aspira-se à mudança, ama-se a moda. Os seres humanos são compradores de beleza, de estética, de sonho, a qualquer preço. Um dos setores mais imbuídos de signos e códigos modernos é o de vestuário. No domínio da moda, esses signos ganham a aparência de marcas, etiquetas e estilos que compõem um jogo social de mobilidade permanente e obedecem aos fenômenos da moda, eles próprios cada vez mais alteráveis.

> É na relação entre o jogo e o sentido do jogo que se formam lances e se constituem valores que, embora não existam fora dessa relação, impõem-se por dentro dela, com necessidade e evidência absolutas. Essa forma primeira de fetichismo está no princípio de toda ação.[8]

É na perspectiva simbólica que se pode apreciar a moda. De fato, a moda insere-se na interseção da tríade de valor simbólico.[9]

Tríade de valor simbólico

A lição principal do já clássico livro *Marketing de guerra I*, de Al Ries e Jack Trout, ensina que a "batalha do marketing se dá na mente do consumidor". Por isso, a importância do foco no produto e no público-alvo.

Uma marca será de sucesso se transmitir determinados atributos ao cliente ou, por outro ângulo, se o consumidor reconhecer em seus produtos e serviços elevado grau de identificação com seus anseios e desejos.

Neste trabalho, privilegiei o poder, o *status* e a sedução, empatias que, no caso da moda renovada a cada estação/coleção, consagram um padrão de reconhecimento na mente do consumidor. Podemos, assim, situar as marcas entre si, numa teia e gradação que influenciam os próprios estilistas e que, por sua vez, modelam a forma de atuação do comércio perante o consumidor final. Se houver sintonia entre os valores de marca e o poder aquisitivo, os valores estéticos de cada coleção e o tratamento respectivo na

---

7 Baudrillard (2001, p. 202).
8 Bourdieu (1982, p. 48).
9 Feghali (2002).

ponta final do varejo, pode-se prever que o comportamento do consumidor lhe será favorável e promissor.

Nesse sentido, apresento a caracterização a seguir, na forma de uma tabela comparativa.

TABELA DE COMPARAÇÃO DE FORÇAS SIMBÓLICAS

VAREJO DE MODA / DÍADES	PRAIA	SAPATOS	JOVEM	FEMININO	MASCULINO	LOJA DE DEPARTAMENTOS
SEDUÇÃO & PODER	Rosa Chá Rygy	Swains Datelli Arezzo Andarella	Triton A-teen Oh, Boy! Opção	Mara Mac Tessutti Mary Zaide	Lacoste Yachtsman Richard's Armadillo	Zara
STATUS & SEDUÇÃO	Salinas Bumbum Blue Man Banco de Areia	Mr. Cat City Shoes Pontapé Paquetá New Order	Farm Cantão Wöllner Leeloo In + Up	Abusiva Gang Rio Folic Animale Rabo de Saia	Dartigny VR – Vila Romana Borelli Aviator Sandpiper	C&A Renner Leader Magazine Lojas Americanas
PODER & *STATUS*	Lenny Água de Coco	Carmen Steffens	Maria Filó Osklen Ellus	Daslu M. Officer Fórum Maria Bonita	Tommy Hilfiger VR Menswear Brooksfield Eduardo Guinle Alberto Gentleman	Sacks 5th Ave. Henri Bendel

É evidente que as díades se completam. E, certamente, quanto mais cara for considerada a grife, mais atraente passará a ser, aumentando os resultados de "*status*, poder e sedução". Apresento a seguir a combinação desses pares conceituais.

Sedução e poder

A sedução é também uma força. Ela aparece frequentemente ligada ao "poder de sedução". Algumas pessoas possuem mais poder de sedução do que outras. Fala-se da arte de seduzir. Livros dão dicas e sugestões de como e quando fazer uso das "armas de sedução", outros ainda sugerem como aumentar o "poder de sedução". Sedução, charme, fetiche e magia são todas forças pertencentes ao grupo do poder da aparência e de métodos ardilosos e poderosos para cativar alguém.

Sedução e *status*

A sedução tem seu valor cotado em graus de satisfação e qualidade. Quanto maior o poder de sedução, mais se ganha na relação amorosa, na relação profissional e no intercâmbio social. A sedução, portanto, também está ligada ao *status*. Uma peça de roupa vende bem e dá lucro para o criador ou empresa de confecção se seduzir o consumidor final. Essa vestimenta recebe logo o nome de *best-seller*, pois torna-se campeã de vendas, seduzindo os clientes. Nessa peça baseia-se a formação de imagem da marca na mente do consumidor, ou seja, a valorização do produto com relação ao estabelecimento. Ao mesmo tempo, ela é "formadora de caixa", quer dizer, gera lucro para toda a cadeia de moda, da produção ao varejo.

Status e poder

Por outro lado, o poder se confunde com o *status*; como diz o dito popular, "quanto mais tem, mais quer". A lógica da expressão se aplica tanto para "quanto mais tem, mais quer *status*", como para "quanto mais tem *status*, mais quer poder". Obtém-se poder pelo acúmulo de posses. Conquista-se prestígio social e poder diante dos outros com uma posição financeira confortável. Da mesma forma, tornando-se rico ou sendo dono de fortuna considerável, atrai-se o poder. O *status* chama o poder e vice-versa.

> A mídia enaltece e fala dos todo-poderosos. A revista Caras exemplifica bem esse filão de poderosos, bonitos e famosos que vivem no jogo de sedução, *status* e poder.

Cruzando-se tridimensionalmente os vetores de capital cultural, econômico e social, encontra-se o espaço social no qual os indivíduos ocupam posições em grupos – a moda. A união desses grupos forma classes. As classes, por sua vez, distinguem-se entre si dentro de uma hierarquia estruturante de posições melhores ou piores.

Essa concepção sugere uma imagem gráfica das classes como uma estrutura de probabilidades (ou chances de vida).[10]

Quanto mais alto for o capital social, cultural e econômico do indivíduo, maiores suas chances de pertencer à classe dominante (cubo A). Analogamente, quanto mais baixos forem os capitais em conjunto, maior será a desvantagem do indivíduo e mais estará confinado à classe dominada,

---

10 Valle Silva (1995, p. 31).

GRÁFICO DA TRÍADE DE VALOR SIMBÓLICO DE MODA[11]

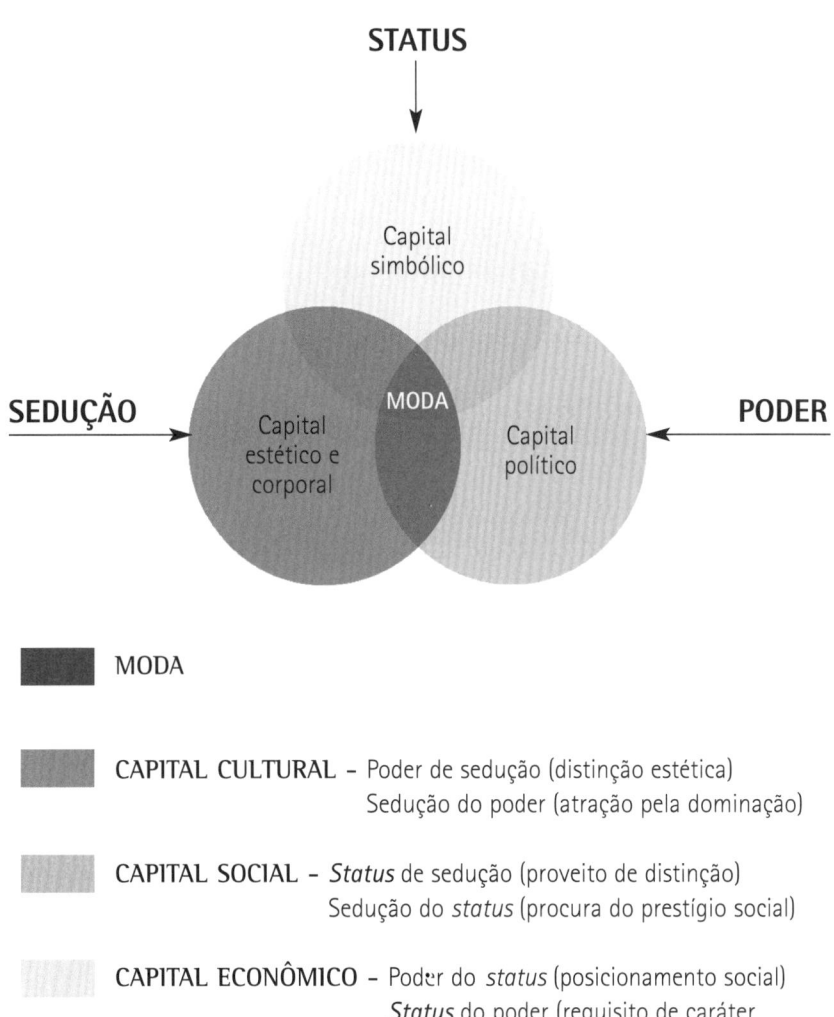

■ MODA

■ CAPITAL CULTURAL – Poder de sedução (distinção estética)
Sedução do poder (atração pela dominação)

■ CAPITAL SOCIAL – *Status* de sedução (proveito de distinção)
Sedução do *status* (procura do prestígio social)

■ CAPITAL ECONÔMICO – Poder do *status* (posicionamento social)
Status do poder (requisito de caráter dominante)

---

11 Feghali, Marta. Dissertação em Ciência da Informação, p. 181.

com baixíssimo poder simbólico (cubo C). Quem ocupar o centro do cubo, representado pelo cubo B, tem possibilidade de mover-se tanto para cima quanto para baixo. As chances de subir na escala dependerão diretamente de sua competência social em adquirir maior grau em algum dos poderes capitais.

Em suma, fica comprovado e evidenciado que: na moda e, particularmente, na sociedade brasileira, as forças que posicionam o indivíduo em determinada classe e marcam sua distinção são o poder, a sedução e o *status*.

POSICIONAMENTO DAS CLASSES SOCIAIS[12]

Escala hierárquica de valores

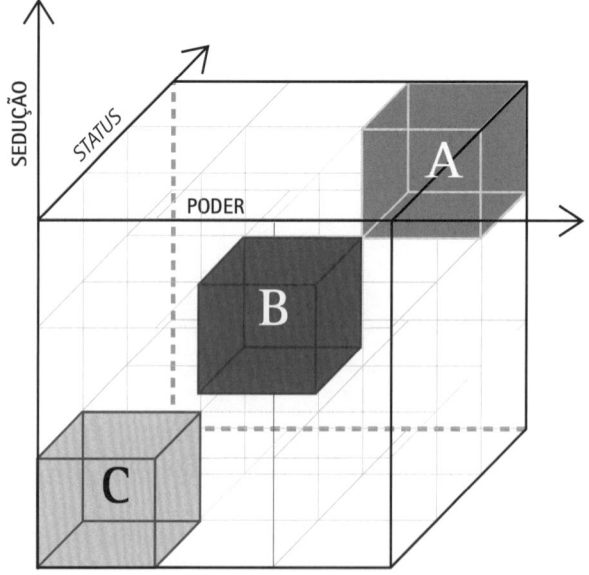

---

[12] Adaptação da representação gráfica de classes teóricas definidas com base em três dimensões de poder. In Valle Silva, Gilda O. do. "Capital cultural, classe e gênero em Bourdieu." Informare – Cad. Prog. Pós-Grad. Ci. Inf., v. 1, n. 2, jul./dez., 1995, p. 31.

Moda: comportamento imprevisível

É possível fazer previsões sobre o mercado de estilo e o mercado clássico, pois o ciclo de vida dos produtos tende a permanecer constante. Já o mercado da moda propriamente dita escapa em grande parte à análise quantitativa e ao cálculo matemático. Na moda, não existe 100% de certeza. Nos termos de Karl Lagerfeld, criador de renome:

> A moda deve mudar permanentemente, quer dizer, ela deve avançar ou recuar, segundo o humor do momento. A moda nunca se deixa guiar, nem por um único estilista nem muito menos pela indústria e pela imprensa.

O comportamento da mulher diante da moda nunca é lógico ou racional, mas afetivo-emotivo. Ela ama ou detesta e, frequentemente, sente-se insegura. Com relação ao produto de moda, isso funciona da seguinte forma: a consumidora tem uma empatia pela vestimenta, ou seja, a roupa lhe agrada ou não, sem possibilidade de meio-termo.

As indecisões são geradas por motivos exteriores, alheios à vestimenta. Ao bater os olhos num traje, a consumidora já é impactada e tem uma primeira impressão. As outras impressões virão depois, pelo toque, pela cor, pelo feitio no corpo, pelo valor etc. Por conseguinte, o lucro, um dos parâmetros utilizados nas previsões, só explica parcialmente as flutuações das despesas e não é considerado um critério suficientemente discriminante.

Isso tudo prova que a consumidora não responde às informações de moda tão docilmente como se pensava, e a indústria não detém a sabedoria e o *know-how* informacional que se acreditava.

A influência da vestimenta no comportamento

O impacto da vestimenta, por si mesma, no comportamento influencia a forma como se atua em sociedade. Roupas ajudam a definir contextos especiais, como exemplifica Susan Kaiser,[13] em lugares fora da rotina (eventos de gala), nos quais os códigos de vestimenta são reforçados. Em situações novas ou únicas para o indivíduo (formatura), assim como roupas

---

13 Kaiser (1990).

novas e diferentes são vestidas, a autoconsciência pode aumentar, e o impacto das roupas sem comportamento ficar evidente.

Segundo Storm:[14]

> A vestimenta sempre tem um impacto sobre o nosso comportamento. O jeans, por exemplo, permitiu que as mulheres se sentassem em determinados lugares e assumissem determinadas posturas que jamais assumiriam com vestidos ou roupas largas.

O boxe da página 40 contém alguns dos elementos que influenciam a tomada de decisão em questão de compra. Nesse modelo de estímulo-resposta, do lado do *input*, as vestimentas ofertadas pelos produtores e distribuidores constituem uma indústria de primeira importância, na qual a moda desempenha um papel absolutamente secundário. Diversos grupos de estilistas constituirão *lobbies*, centros de decisão ocultos, pondo-se de acordo em algumas escolhas principais a fim de dominar as tendências da próxima moda, determinando-as de forma voluntária. É fácil compreender a vantagem econômica de uma boa coordenação entre os fabricantes, no que diz respeito à fibra, ao tecido ou à estampa. Apesar de esses cartéis serem ativos e existirem, pode-se notar que eles traduzem mais ou menos conscientemente as tendências de natureza sociológica ou das leis de psicologia estética. Além disso, no setor do vestuário, em geral, e da moda, em particular, o *feeling* e a intuição substituem as previsões mais sérias, pois só esporadicamente os modernos métodos de gestão são aceitos.

No processo de decisão da consumidora, a oferta tem pouco peso diante da influência preponderante dos grupos de referência e dos dados econômicos, tais como o poder de compra discricionário, o campo cultural e outras influências similares. São essas forças as componentes principais do processo de disseminação, durante o qual a adoção ou a rejeição de uma moda é decidida.

A consumidora, com sua personalidade complexa, sujeita às múltiplas pressões sociais, é, em última instância, quem decide o destino de uma inovação. Ela aceita, talvez, a condição que lhe permita encontrar nela um novo meio de autoexpressão, uma nova possibilidade de afirmar sua própria imagem e aproximar-se do ideal de mulher. Isso em função do que imagina ser ou aparentar ao vestir e do que poderá ser e representar trajando

---

14 Storm (1977, cap. 13).

a novidade. Ao procurar uma vestimenta adequada à sua personalidade e às suas convicções, ela se resguardará de conflitos, frustrações e dissonâncias em relação ao seu estilo.

Além de sofrer as influências comerciais (mídias, promoções de venda, vendedores e relações públicas), a consumidora também está sob pressão do ambiente. As expectativas das mulheres em relação às roupas são qualidades mais sutis, como a possibilidade de interpretar uma personagem e seduzir, assim como de guardar seu equilíbrio, sua coerência interna e de expressar sua personalidade. Nesse contexto, a consumidora ora procura a mudança sistematicamente, ora se ressente com sua incômoda pressão.

Inserida num tecido social, a pessoa procura expressar sua unicidade pela escolha desse ou daquele produto, mas não é inteiramente livre nas suas decisões. Enquanto membro de certos grupos de pertinência, sua conformidade corrige, por assim dizer, suas pulsações individuais, se essas não correspondem às normas do grupo.

A escolha de uma roupa influenciada pela moda presta-se particularmente bem à análise de um comportamento mais ou menos conformista do indivíduo. A vestimenta é um tipo de prolongamento do "eu", uma expressão impressionante de individualidade, mas as sujeições sociais se manifestam, sobretudo nesse campo, com frequência impedindo uma roupa inteiramente personalizada. O extremo conservadorismo dos cargos e das funções nas empresas em matéria de roupa faz-nos entender que certas pressões socioprofissionais levam vantagem sobre os desejos de autoexpressão.

Em decorrência, tudo isso nos sugere que as rápidas mudanças nos estilos de roupa são provocadas propositalmente pela indústria da moda, que embute nos novos produtos, desde sua criação, um certo grau de obsolescência, para aumentar as vendas. A História revela, entretanto, que os guardiões ou zeladores da moda não podem simplesmente empurrar novos estilos goela abaixo dos consumidores. Um dos motivos é a comprovação de que o processo da moda não é necessariamente acelerado em conjunto pelos avanços tecnológicos nem pela modernização da produção, da distribuição e da comunicação.

Concedida e outorgada, a imagem de sucesso depende, porém, da visibilidade do esforço dos indivíduos para parecerem mais magros, mais jovens, mais atléticos ou mais bonitos do que realmente são. Podemos dizer que as motivações básicas dos estilistas, confeccionistas e varejistas não são assim tão diferentes das motivações dos consumidores de moda.

VARIÁVEIS EXÓGENAS SOCIAIS

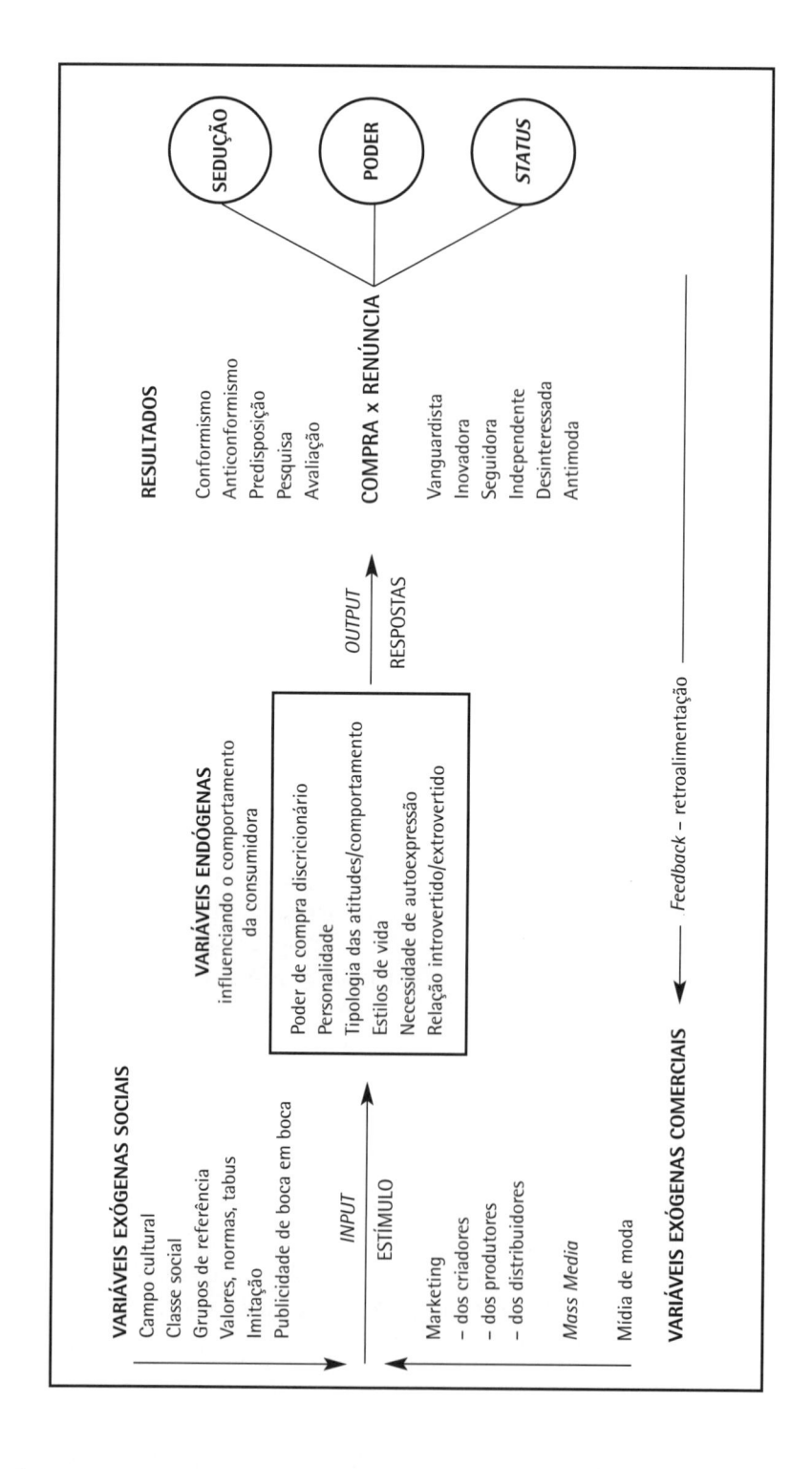

Campo cultural
Classe social
Grupos de referência
Valores, normas, tabus
Imitação
Publicidade de boca em boca

INPUT
ESTÍMULO

VARIÁVEIS ENDÓGENAS
influenciando o comportamento da consumidora

Poder de compra discricionário
Personalidade
Tipologia das atitudes/comportamento
Estilos de vida
Necessidade de autoexpressão
Relação introvertido/extrovertido

OUTPUT
RESPOSTAS

RESULTADOS

Conformismo
Anticonformismo
Predisposição
Pesquisa
Avaliação

COMPRA x RENÚNCIA

Vanguardista
Inovadora
Seguidora
Independente
Desinteressada
Antimoda

SEDUÇÃO   PODER   STATUS

VARIÁVEIS EXÓGENAS COMERCIAIS

Marketing
– dos criadores
– dos produtores
– dos distribuidores

Mass Media

Mídia de moda

Feedback – retroalimentação

A "infomoda", gestora dos comportamentos

O mundo da moda, que está inserido no universo da arte, e as vitrines de moda, em particular, pertencem ao rol da "indústria do pensamento" ou "indústria da consciência".

> A informação, em nosso entender, se qualifica como um instrumento modificador da consciência do indivíduo e de seu grupo social, pois sintoniza o homem com a memória de seu passado e com as perspectivas de seu futuro.[15]

No campo da moda, as vitrines e lojas que organizam sua mercadoria em forma de exposição desempenham um papel importante na difusão de ideias e na definição de comportamentos. A moda hoje se inspira na rua. Ela reflete o que se passa na cidade por meio do street look. Os produtos de moda, que são produtos do pensamento e que se iniciam nas ideias inspiradas nos fatos cotidianos, não nascem isolados. Eles têm um lugar marcado, uma posição tão definida que lhes dá a possibilidade de levar a consequências não somente no plano teórico, mas igualmente, e de uma forma bem nítida, no plano social. Quanto melhor se expõe o produto-moda e se realizam catálogos informativos, mais o público se deixa seduzir.

A exposição nas vitrines tem por objetivo despertar a consciência em relação ao que está por vir em termos de tendência de moda ou ao que já está sendo moda e apresentar os frutos do pensamento dos idealizadores de moda. Os responsáveis pela seleção e promoção de algumas roupas de certas coleções e pela forma de apresentação (desfile, foto reproduzida em anúncio de revista, jornal, catálogo, vídeo e vitrine) não fazem mais do que aumentar a distribuição de poder e de capital, persuadindo o público consumidor da necessidade de preservar seu *status quo*. Esses agentes de moda parecem mais relações-públicas, levando em conta somente o interesse do *big business*, que é a indústria de moda. Em vez de promover o exercício do gosto individual e o despertar da consciência crítica, essa máquina informativa e seus agentes adormecem as consciências.

O trabalho do estilista e dos críticos e pensadores de moda consistiria em canalizar e modelar as consciências dos seres humanos para o lado social e esteticamente construtivo da moda. Mas as estratégias de per-

---

15 Barreto apud Miranda (2002, p. 49).

suasão colocadas em marcha pelos responsáveis da indústria de informação de moda se planam sobre os interesses materiais. Mesmo não aderindo ao sistema de valores dominantes (sedução, dinheiro e poder), o público tem poucas chances de esquivar-se desse rolo compressor e tender para artigos de moda que consagrem a promoção de ideias diferentes.

É justamente esse conflito sobre o papel do vestuário, do qual derivam as estratégias de marketing, que os consumidores devem evitar. O marketing também se baseia no *feedback* dos consumidores, informações que giram em torno da tríade simbólica de moda. As mesmas informações antes disseminadas nas campanhas de moda e marketing, portanto, influenciam novamente o consumidor, que, por sua vez, realimenta seu emissor com o mesmo pacote informacional. Cria-se um ciclo fechado (emissor-receptor-emissor) de informações saturadas modeladoras de gosto.

A informação necessita ser transmitida e deve ser aceita como uma promessa de conhecimento que intervém na vida social e que promove o desenvolvimento.[16] A informação de moda também promove o desenvolvimento de uma sociedade. A informação de moda não deseja somente um canal, uma passagem. Ao atingir o público-alvo, a infomoda deve gerar uma mudança. Gerando conhecimento, a informação de moda consegue provocar o desenvolvimento do indivíduo, do grupo ou da sociedade como um todo. A moda é um movimento cíclico comparável a uma mola propulsora ou a uma espiral sem fim. Efêmera por natureza, o objetivo da moda é "permitir que o ciclo se complete e renove infinitamente".[17]

Finalmente, a informação de moda, aqui tratada como infomoda, visa, em última análise, ao desenvolvimento social, abrindo para todos a possibilidade de se igualar por meio de uma vestimenta que minimize diferenças. Mas esse processo de distribuição da infomoda é contrário aos anseios do ser humano, que, desejando ser aceito na sociedade, veste-se de forma semelhante ou igual a seus semelhantes, porém com algum detalhe que o destaque da massa. O processo de globalização permitiu maior socialização da moda. A diferenciação opera-se na qualidade do produto, ou seja, o estilo é o mesmo para todos, mas a qualidade da matéria-prima e do acabamento é distinta. Isso forçosamente confere valores desiguais às diferentes marcas e grifes e, de certa forma, acaba provocando a hierarquização da vestimenta por degraus de poder aquisitivo, definindo as relações de

---

16 Idem.
17 Idem.

mercado e poder. A infomoda consegue diminuir o caráter da hierarquia, de poder e *status* que brotou da mídia e da própria moda.

Tanto as informações de moda quanto o *habitus* de moda são formadores de distinção entre indivíduos e classes. O valor simbólico dessas informações não está na forma como o consumidor as recebe e armazena, mas, sim, na maneira como as percebe e entende, molda suas opiniões e valores pessoais, impelindo-o à compra. O valor pressupõe uma certa hierarquia, uma classificação. Essa lógica de avaliação responde a uma lógica de preferência. O valor da informação de moda depende da relação estabelecida entre o produtor e o receptor, como se infere da reflexão de Alain Milon:

> O que é condenável no agenciamento das informações não é a maneira como a comunicação traveste o indivíduo nas suas condutas informacionais, nem mesmo o exagero na quantidade de informações, mas muito mais o *status* da própria informação.[18]

O principal valor da infomoda está em manter o público atualizado em relação aos lançamentos e tendências, o olhar do consumidor atento para acompanhar, pelo prisma da moda, a flutuação dos comportamentos e das mudanças nas correntes socioculturais. Em última análise, a informação de moda pode oferecer a oportunidade de encontrar prazer em se vestir. Do ponto de vista do mercado, isso significa ampliação da demanda dos consumidores, o que contribui expressivamente para as vendas.

Considerações finais

O indivíduo deve utilizar toda a sua capacidade visual, de observação, para perceber a moda (vestimenta). Normalmente, as pessoas são tentadas a utilizar as capacidades que a sociedade valoriza mais. O estilista percebe isso e se apoia na capacidade visual do seu público-alvo (grupo de clientes). Nesse caso, não são requisitados os seus talentos profissionais de especialista em moda, mas sua experiência como membro da sociedade para a qual trabalha e com a qual divide experiências e hábitos visuais.

Uma vestimenta proporciona uma grande quantidade de informação sobre a cultura na qual surgiu. Tem uma relação interdependente

---

18 Milon (1999).

com instituições sociais como as religiosas, políticas e econômicas, além de ser um fator relevante na organização da sociedade, dos seus papéis e do seu *status*. Uma organização social determina que tipo de instituições sociais haverá e como serão usadas; assim, a vestimenta pode mudar e ser mudada pela sociedade. Ela é uma força social poderosa. Sobretudo em sociedades instáveis, em que a ordem existente é constantemente desafiada, a vestimenta proporciona um meio instantâneo e universal de reconhecimento dos indivíduos que detêm o poder, dos que se rebelam contra ele e dos que não têm interesse no conflito. Criadora de mundos do parecer, ela provoca sensações e cria laços na relação entre promessa, mito e simulacro. O discurso da aparência vislumbra os sonhos da sociedade consumista e molda os seus desejos. Esse discurso formalizador e persuasivo constrói-se como o simulacro de um objeto-valor. Estar em sintonia com esse objeto de valor é o fato que desencadeia o mecanismo do "querer ter para poder ser". A vestimenta sedutora, aglutinadora das atenções, manipula o observador e o leva à compra. Ela é uma informação do imaginário que promete a materialização da felicidade, a esperança de alcançar algo melhor e surpreender, além de proporcionar poder, beleza e competência, resumidos numa tríade de força simbólica entre poder, sedução e *status*. Os efeitos dessas informações imagéticas da vestimenta acionam e alimentam a esperança que é relacionada ao consumo e à felicidade – ideias propagadas pelas sociedades pós-industriais. A vestimenta, portanto, anuncia a melhoria de um estado atual, prometendo uma transformação com base em seu poder simbólico.

A vestimenta é uma chave mestra que abre as portas do indivíduo, revela nossas crenças essenciais, interesses, atitudes e características da nossa personalidade, como o autoconceito, a intensidade da emoção, o grau de dogmatismo, os processos cognitivos, a criatividade, nosso relacionamento interpessoal, incluindo o grau de ascendência, o nível de interiorização ou de exteriorização, e a necessidade de aceitação social. Também serve de chave mestra para abrir as portas da sociedade ao revelar suas crenças essenciais ou seus valores – o grau de conformidade que aquela sociedade requer –, bem como uma enorme quantidade de dados sobre suas instituições e tecnologia. A vestimenta é verdadeiramente uma chave para o indivíduo e sua sociedade.

Para chegar à afirmação de que a moda brasileira contemporânea está centrada na triangulação de sedução, poder e *status*, o estudo dispôs de um *corpus* teórico com vários exemplos e de uma bateria de indicadores qualitativos. Foi possível medir a validade dessa hipótese pelo realismo com que essa triangulação descreve o momento típico do padrão de moda brasileira. As teorias sociológicas, fundadas sobre os conceitos de imitação e distinção, foram as mais pertinentes e as mais construtivas para explicar como se chegou a essa tríplice aliança de poder. Para analisar os valores em moda, foi necessária uma análise científica adaptada que olhasse para o contexto macrossocial e microeconômico. Recorreu-se, portanto, a pesquisas coletivas documentadas e exemplos do dia a dia.

As classificações e avaliações que organizam o mundo da moda e seus objetos, mesmo sendo originadas por diferentes estilos de representação, correspondem a diferenças sociais e individuais, diferenças de poder e de influências, e também são sempre avançadas, modernas e vanguardistas. Essa categorização só acelera a inflação dos esquemas perceptivos respondendo ao ritmo crescente de desorientação geral, induzida pelo excesso de tendências de moda, pela demanda contínua por novidades *déjà-vu* e pela falta de referências. Não se distingue mais o que é velho e ultrapassado. Resta apenas vestir o atual, que não cessa de nascer, morrer e passar. Esse funcionamento institucional que financia o circo de representações e criações permanentes não impede que roupas genuinamente originais e novas sejam criadas, mas elas sempre cairão, obrigatoriamente, na obsolescência.

Referências bibliográficas

ALLÉRÈS, Danielle. *Luxo: estratégias/marketing.* Rio de Janeiro: Ed. FGV, 2000.

BARRETO, A. "Distribuição e o consumo de informação: os rituais de passagem." Aula 3, Unidade 3, disponível em <www.alternex.com.br/aldoibict/recox/aula3/aula3.htm>.

____. "Transferência da informação para o conhecimento." In, MIRANDA, 2002.

BAUDRILLARD, Jean. *Da sedução.* 4.ed. São Paulo: Papirus, 2001.

____. *A sociedade de consumo.* Coleção Arte e Comunicação. Lisboa: Ed. 70, 1995.

BORSCHBERG, E. *Le mythe du consommateur manipulé par la mode. Le Phenomène de la Mode.* Publications de L'Université de Lausanne, Fascicule LXV. Cours Général Public 1984-85. Payot.

BOURDIEU, Pierre. *La distinction: critique sociale du jugement.* Paris: Ed. de Minuit, 1979.

____. *Leçon sur la leçon.* Paris: Ed. de Minuit, 1982.

FEGHALI, Marta K. *A informação de moda: mecanismos de poder, sedução e status na sociedade*. Rio de Janeiro: Ibict/ECO/UFRJ, 2002. 201p. Dissertação de Mestrado.

FEGHALI, Marta K.; DWYER, D. *As engrenagens da moda*. Rio de Janeiro: Editora Senac Rio, 2001.

KAISER, Susan B. *The social psychology of clothing: symbolic appearances in context*. Nova York: Macmillan Publishing Company, 1990.

MILON, Alain. *La valeur de l'information: entre dette et don*. Paris: Presses Universitaires de France (PUF), 1999.

RIBEIRO, Enaldo Souzalima. *A comunicação e o marketing no processo de decisão de compra*. Rio de Janeiro: UFRJ/ECO, 2001. 168p. Dissertação de Mestrado em Comunicação.

STORM, Penny. *Functions of Dress: tool of culture and the individual*. Florida International University. Nova Jersey: Prentice-Hall, 1987.

UNDERHILL, Paco. *Vamos às compras!: a ciência do consumo*. Rio de Janeiro: Campus, 1999.

VALLE SILVA, Gilda O. do. "Capital cultural, classe e gênero em Bourdieu." *Informare* – Cad. Prog. Pós-Grad. Ci. Inf., v. 1, n. 2, pp. 24-36, jul./dez. 1995.

Vera Lima
Museóloga pesquisadora. Curadora da coleção de Indumentária do Museu Histórico Nacional. Professora de História da Moda da Ucam.

Há sempre uma releitura?

> "De uma eterna juventude, a moda acompanha o tempo e perpetua-se através dele. Ela é o espelho ou reflexo da alma de uma época."
>
> *Yves Saint Laurent*

Este estudo não se pretende conclusivo. Ele é fruto de uma pergunta de incontestável atualidade: há sempre uma releitura? Trata-se de uma discussão ampla, presente nas artes plásticas, na filosofia, na literatura, na música e em vários outros campos das artes e do saber, que nos remete ao problema da repetição e da diferença. Acredito, portanto, que adotar uma posição de caráter definitivo em relação a essa questão seria arriscar-se a reduzi-la e empobrecê-la.

É, pois, para a amplitude do tema que me dirijo, recorrendo à história da moda como o campo privilegiado a partir do qual podemos escolher nossa perspectiva.

Em geral associada ao aspecto mundano da vida humana, a moda raramente é pensada sob o ponto de vista do ato criativo. A própria ideia de pensamento parece equivocada num texto que se dedique a um assunto habitualmente encarado como frívolo. Neste trabalho, escolhi, deliberadamente, apontar para o próprio sentido do ato criativo. É dele e de sua gênese que nos ocupamos aqui. É para esse lugar que gostaríamos de dirigir o problema da releitura, questionando se ela diz respeito ao ato criativo, antes de tudo, um ato de pensamento.

Assim, ao abordar o fato da moda sob o ponto de vista histórico, meu objetivo será oferecer ao leitor a possibilidade de pensar o homem em seu processo criativo, reunindo num só gesto o passado e o futuro. Segui uma trajetória em que a linearidade, embora se mostre singularmente arbitrária, dado o caráter recorrente da pergunta que lhe dá origem, faz-se necessária, já que, uma vez formulada, a questão nos remete a um campo de possibilidades múltiplas. Dessa forma, deixo a pergunta no ar, oferecendo, no entanto, um grande número de exemplos dos quais algumas respostas podem ser extraídas. Em complemento, solicitei a uma série de profissionais de reconhecido gabarito que respondessem à pergunta: no resgate histórico da moda, há sempre uma releitura? As contribuições gentilmente enviadas por cada um deles estão reunidas no fim deste artigo. A eles agradeço a presteza com que atenderam a meu convite.

É a releitura uma cópia? E, como tal, deve ser desmoralizada? Ou é o produto singular de um ato criativo? É essa a pergunta que faço a você, leitor, e o convido a pensá-la e descobrir, por si mesmo, suas referências.

O resgate histórico da moda

Há anos, inúmeros estilistas de moda vêm usando como fonte de inspiração de suas coleções não apenas as antigas civilizações das Eras do Costume,[1] mas também as peças emblemáticas das Eras da Moda.[2] Nesse processo criativo, tal como ocorre em todas as artes, pode-se dizer que cada peça de uma coleção reúne em si a memória das formas vestimentares de todos os tempos.

Estilistas consagrados do calibre de Paul Poiret, Mariano Fortuny, Jacques Doucet, Jeanne Paquin, Madeleine Vionnet, Mme. Grès, Edward Molineux, Elsa Schiaparelli, Maggy Rouff, Balenciaga, Christian Dior, Yoshiki Hishinuma, Viviane Westwood, Alexander McQueen, Hussein Chalayan,

---

[1] Eras do Costume: período anterior à primeira metade do século XIV.
[2] Eras da Moda: período da segunda metade do século XIV aos dias atuais.

Martin Margiela, Helmut Lang, Issey Miyake, Rei Kawakubo, Jean Paul Gaultier, John Galliano, Viktor e Rolf, entre outros, servem como exemplo e ilustração dessa prática que ajudaram a introduzir e a consagrar.

Os estudiosos da história da moda não se surpreendem ao reconhecer, hoje, em muitas vitrines de moda, roupas e acessórios cujos detalhes os remetem a outras peças, originárias de criações mais antigas.

> A culpa é de John Galliano. Desde que o genial criador da Dior exibiu um séquito de rainhas barrocas para a coleção de alta--costura em 2004, em Paris, a moda viu ressurgir o look império, princesas e rainhas luxuosas.[3]

Há sempre uma releitura?

São múltiplas as denominações encontradas para justificar a presença do antigo, do que já aconteceu em algum momento do passado e se reapresenta, sendo reaproveitado, retomado, revivido, reeditado, inspirado, expressando-se em novos modos de vestir: revival, retrô, brechó, vintage, mas releitura é o conceito considerado mais condizente com esse processo e o mais adequado para defini-lo. É com esse material já trabalhado, extraído de seu mergulho no fundo do tempo, que o artista da moda faz a diferença, manifesta a sua singularidade e expõe *sua verdade*, ao constituir uma *releitura* das características de um passado que se atualiza. Não se trata aqui, de maneira alguma, de uma mera cópia, mas de um processo de renascimento e expansão do passado em direção ao futuro.

Existiria uma matéria indefinida, inatual, pura força, que se atualizaria de diferentes maneiras, sempre se recriando, em diferentes tempos; ou um modelo – único, original e verdadeiro, ou melhor, idêntico – em relação ao qual todos os demais existentes seriam apenas cópias degradadas ou simples negativos?

A ideia de *releitura* acende no campo da moda essa velha polêmica, que também se manifesta na filosofia, nas artes plásticas, na música, no cinema e na literatura, "com a descoberta, em todos os domínios, de uma potência própria da repetição",[4] a repetição que afirma a diferença.

---

3 Novaes (2005, p. 1).
4 Deleuze (1988, p. 15).

Falar em moda...

O termo moda, originalmente do latim *modus* (maneira, medida), passa a designar modo (*façon*, pelo inglês fashion), maneira, a partir do século XIV. Tal como afirma Bruno Remaury num estudo feito a partir da etimologia de mode – do qual deriva moda em português...[5]

Falar em moda é reportar-se às necessidades básicas do indivíduo, colocando-o em relação com seu grupo, e, simultaneamente, abordar o criativo, o inventivo, o sensual e o poético de suas manifestações no mundo, sem desviar o olhar das transformações intrínsecas à temporalidade, que se expressam em seus movimentos, suas tendências e em sua frequente renovação, decorrente das conquistas da tecnologia e das variações culturais, políticas, sociais e econômicas que ela reflete, definindo o padrão comportamental e estético de uma sociedade.

Moda é estilo de vida, manifestando a classe social ou a "tribo" de que faz parte um indivíduo, pois, incorporada ao cotidiano, define o "gosto" de seus membros. Ela demarca o lugar de inserção do indivíduo no espaço e no tempo, servindo como importante fonte de informação sobre os signos nas pesquisas de natureza histórica. A roupa, elaborada segundo as tendências da moda, não se presta apenas a atender às necessidades básicas do vestir-se: ela acrescenta valor à existência, cumprindo, ademais, as funções de sedução e glamour. Basta examinar suas relações com as artes plásticas, com a fotografia, com o cinema, seu encontro com a música, com a literatura e suas relações com os meios de comunicação para acompanhar o seu devir. Como fonte de informação, a moda gera notícia, mas também se aplica à propagação de uma ideia, elemento intrínseco a um conceito, e que está na base de sua formação. A ideia de construção na moda, por exemplo, preenche o conceito de criação que se expressa pelo jogo de formas, cores, linhas, simetria ou assimetria.

A moda, evidenciando a transitoriedade da vida humana, tem sua existência inscrita no tempo, no qual gera pequenos blocos de eternidade, com base em ideias que se renovam, erigindo monumentos em homenagem à beleza.

---

5 Nacif (2000, p. 54).

... e em sua evolução

Durante dezenas de milênios, a vida coletiva se desenvolveu sem culto das fantasias e das novidades, sem a instabilidade e a temporalidade efêmera da moda, o que certamente não quer dizer sem mudança nem curiosidade ou gosto pelas realidades do exterior. Só a partir do final da Idade Média é possível reconhecer a ordem própria da moda, a moda como sistema, com suas metamorfoses incessantes, seus movimentos bruscos, suas extravagâncias. A renovação das formas se torna um valor mundano, a fantasia exibe seus artifícios e seus exageros na alta sociedade, a inconstância em matéria de formas e ornamentações já não é exceção, mas regra: a moda nasceu.[6]

Para explicar o fenômeno da moda e sua evolução, há que se reportar às forças que dela se apoderam – sejam sociais, econômicas ou políticas – e nela se exprimem, criando formas, linhas e cores, enfim, toda a multiplicidade que define os movimentos artísticos em cada período.

São diversas as razões que levaram o homem a escolher suas vestimentas. Sejam quais forem, representam a cultura e a identidade de um povo, gerando comportamentos e refletindo tendências de uma sociedade em uma dada época.

Por que ou quais as motivações que permeiam o seu uso? Em que situações foram escolhidas? Quais os materiais envolvidos em sua produção? Que espécies de significados lhes foram atribuídos? Que modificações qualitativas são capazes de engendrar em quem as usa?

Todos esses aspectos – quer objetivos (estéticos), quer subjetivos (simbólicos) – podem e devem ser analisados, a fim de acrescentar inteligibilidade à informação histórica que um traje traz consigo.

As Eras do Costume

Os primeiros registros da utilização de vestimentas pelo homem remontam à era pré-histórica, encontrados nas pinturas das cavernas da Idade da Pedra, no início do período Paleolítico, há cerca de trinta mil anos.

---

6 Lipovetsky (1989, p. 23).

Alguns artefatos em osso, compridos e finos, semelhantes às agulhas que hoje utilizamos em nossas confecções, encontrados nos solos dos sítios arqueológicos desse período, evidenciam o domínio da técnica da costura – demonstrando que o homem primitivo cosia suas roupas –, realizada após a caça do animal e a raspagem de sua pele, naturalmente a fim de proteger-se das intempéries ou dos rigores excessivos dos fenômenos da natureza.

A história da moda, em todo o seu desenvolvimento, revela o constante destaque atribuído a uma variedade de peles animais para a confecção de seus modelos, seja pelo valor simbólico a elas atribuído, seja por seu valor estético, pelo poder que seu alto custo evidencia ou, ainda, pelo misterioso potencial de sedução que confere àquele que a utiliza. Mesmo que, em consequência dos recentes movimentos ecológicos que se contrapõem ao seu uso, sejam na atualidade substituídas por fibras acrílicas que imitam sua textura *in natura*, as peles jamais deixaram de aparecer em várias coleções.

As produções artísticas encontradas pela arqueologia permitem observar que já na Mesopotâmia, região da Ásia situada entre os rios Tigre e Eufrates, onde surgiram algumas das mais antigas civilizações conhecidas, os sumérios, os assírios e os babilônios, desde o período anterior a 2000 a.C. até 539 a.C., estavam familiarizados com o uso de saias, mantos, túnicas, joias, xales, franjas, borlas e estampas geométricas. A ornamentação das roupas caracterizava a posição social, principalmente entre os assírios e babilônios.

A civilização babilônica, conquistada pelos persas de Ciro I em 539 a.C., adquiriu do povo que a dominou o uso de folgados calções presos à cintura, tipo meiões, que iam até os joelhos ou tornozelos – uma prévia das *braies* que, bem mais adiante, seriam usadas pelos povos bárbaros.

O declínio da civilização assíria não apagou totalmente os traços das formas vestimentares adotadas na Mesopotâmia. A obrigação do uso do véu pela mulher fora dos limites do lar, por exemplo, persiste até hoje na região.

Os trajes da indumentária egípcia eram concebidos como elemento de distinção das classes sociais. Suas formas, de grande estabilidade, permaneceram idênticas durante três séculos, sem alterações, com o uso generalizado do linho branco, que cobria seus corpos do nascimento à morte. Tangas, túnicas, sandálias, transparências, além de coroas, joalheria, maquiagens e perucas, são referências familiares a todos.

Com a descoberta da tumba do faraó Tutancâmon, em 1922, o antigo Egito passou a exercer forte influência sobre a moda feminina do século XX, tanto no que diz respeito à fabricação de tecidos, quanto de joias e demais ornamentos (Figura 1, p. 65). John Galliano, em 2004, deslumbrou o mundo por ter escolhido esse tema para o desfile de alta-costura da Casa Dior (Figura 2, p. 65).

Em Creta, a ilha de maior extensão encontrada no Mar Mediterrâneo, cujo apogeu cultural pode ser situado entre 1750 a.C. e 1400 a.C., os membros das classes mais elevadas já envergavam trajes confeccionados com uso técnico da costura. Cobriam-se com uma variedade de roupas de linho, lã ou couro, adornados com cintos ricamente decorados. James Laver descreve os trajes femininos, representados na figura da deusa mãe: "Com suas cinturas apertadas e saias à moda polonesa, elas sugerem a moda francesa da década de 1870."[7] (Figura 3, p. 66)

Os corpetes, demasiadamente ajustados ao corpo, deixando os seios à mostra, são considerados por muitos estudiosos precursores do espartilho, objeto de várias releituras, desde há muitos séculos até os dias atuais. São exemplo os corpetes apresentados por Christian Lacroix no final do século XX, em diversas variantes e cores (Figura 4, p. 66).

A Antiguidade clássica é representada por duas importantes civilizações – a grega e a romana –, cujos trajes eram mais drapeados que costurados, criando um sentido plástico com efeitos de luz e de sombra.

Os gregos, cujo desenvolvimento artístico-cultural na Antiguidade pode ser considerado notável, representam a constituição e o apogeu do pensamento racional clássico que, atravessando os séculos, exerce ainda hoje forte domínio no Ocidente. Nesse momento em que a moral implica um cuidado consigo,[8] as roupas eram elaboradas, sem apelo à sensualidade, revelando apenas uma preocupação de ordem estética. Os longos quítons femininos, do período helenístico, serviam de inspiração aos vestidos estilo Império no início do século XIX. Os drapeados e plissados, típicos dos trajes gregos dessa época, foram reeditados por Mariano Fortuny (Figura 5, p. 66) e o inspiraram não apenas em seus famosos vestidos Delfos, semelhantes aos trajes femininos desse período, como a descobrir o método de plissar a seda de forma duradoura, relido, anos mais tarde, por Issey Miyake em sua coleção Pleats Please (Figura 6, p. 66).

A tradição romana chega-nos pela obra de Tito Lívio – historiador romano do século I a.C. –, que narra a lendária fundação de Roma por Rômulo e Remo, em 753 a.C.

---

7 Laver (1989, p. 21).
8 Cf. Foucault, Michel. *História da sexualidade II, o uso dos prazeres.* Graal: 1984.

A toga de lã, de influência etrusca – considerada a mais importante peça do traje do cidadão romano livre, vedada, portanto, aos escravos, mulheres e estrangeiros –, tinha ainda em seu volume e em suas cores importantes elementos de distinção, que denunciavam o *status* social de quem a portasse e requeria uma habilidade especial para drapeá-la no corpo. Madeleine Vionnet (Figura 7, p. 67) e Mme. Grès (Figura 8, p. 67) foram grandes representantes da releitura da toga romana.

Um tipo de corpete macio usado sobre o busto da mulher romana ao exercitar-se no ginásio, conhecido por meio de um mosaico siciliano, do fim do século III d.C., no qual se vê uma figura feminina com essa peça, o strophium (Figura 9, p. 67) assemelha-se a várias outras encontradas nas coleções de primavera/verão do Fashion Rio (Figura 10, p. 67).

Os romanos, cuja influência propagou-se na indumentária de outros povos em virtude de suas conquistas, adotaram, por sua vez, as calças dos invasores bárbaros germânicos, responsáveis, entre outras coisas, pela queda do Império Romano do Ocidente em 476 d.C., data que marca o fim da Idade Antiga e o início da Idade Média.

Fundada em 330 d.C. pelo Imperador Constantino, Bizâncio ou Constantinopla (atual Istambul) tornou-se a segunda capital do Império Romano, em razão de sua importância geográfica. No ano de 395 d.C. passou a ser a sede do Império Romano do Oriente. Ficou isolada, depois do fim do Império do Ocidente, em 476 d.C. Em 1453, a cidade de Constantinopla foi tomada pelos turcos otomanos. Os trajes bizantinos, influenciados pelos romanos e orientais, dissimulavam inteiramente o corpo, com poucas diferenças entre o masculino e o feminino. Eram hierárquicos e rígidos em termos de posto e função, mas, na época do Imperador Justiniano e da Imperatriz Teodora, refletiam o ápice da suntuosidade, como se constata nos mosaicos das igrejas de Ravena, na Itália, e de Santa Sofia, em Istambul.

Os bizantinos tornaram-se grandes produtores de seda, cuja matéria-prima adquiriram com os casulos contrabandeados da China. Por ordem da Imperatriz Teodora, monges por ela enviados à China transportaram os casulos no interior de cajados ocos e cuidadosamente preparados para esse fim, consumando, talvez, o primeiro caso de espionagem na indústria. Até os dias atuais, os paramentos dos patriarcas da Igreja ortodoxa são parecidos com as roupas de imperadores bizantinos. Nunca as roupas civis se assemelharam tanto às religiosas!

A partir da Idade Média, entre os séculos V e X, é possível perceber um grande contraste entre as vestimentas usadas no Oriente e no

Ocidente. A crise econômica que abalou o Ocidente, o advento do sistema feudal e a concentração da população em áreas rurais acabaram por distanciar essa região do luxo oriental. Com relação à indumentária, eram os tecidos e os ornamentos, e não o corte, que revelavam as principais diferenças entre as classes sociais no Ocidente. Os trajes eram, então, compostos de túnicas, mantos, calções ou braies, usados com meias, além de capas com capuzes.

À medida que a economia urbana se restabelecia, as monarquias iam se reestruturando e o poder da Igreja, aumentando. As Cruzadas, surgidas na Alta Idade Média, introduziram uma série de modificações e aprimoramentos nos trajes usados pela sociedade. Os cruzados trouxeram novos tecidos, joias, perfumes e outros luxos – acessíveis apenas aos mais abastados –, incluindo novos tipos de roupas que influenciariam os modos de vestir da Europa, quando, então, a silhueta feminina passaria a ser delineada, conjugada a amplas mangas, véus e adornos.

Em mosaicos, afrescos e em muitos manuscritos da Idade Média, encontram-se imagens religiosas de santos e anjos com longas túnicas drapeadas, sob a inspiração da arte romana.

As Eras da Moda

Na segunda metade do século XIV, as roupas femininas e masculinas adquiriram novas formas, diferenciadas segundo os sexos:

> A grande novidade é, certamente, o abandono da longa e flutuante sobrecota em forma de blusão em proveito de um traje masculino curto, apertado na cintura, fechado por botões e descobrindo as pernas modeladas em calções... O vestuário feminino é igualmente ajustado e exalta os atributos da feminilidade: o traje alonga o corpo através da cauda, põe em evidência o busto, os quadris, a curva das ancas.[9]

Esse acontecimento, que perdura até a atualidade, embora aqui e ali possamos identificar pequenos movimentos de ruptura, pode ser entendido como um dos primeiros efeitos das extraordinárias transformações

---

9 Lipovetsky (1989).

socioculturais e econômicas ocorridas no fim da Idade Média e início do Renascimento e que deram origem ao fenômeno conhecido pelo nome de moda, caracterizado pelas mudanças meteóricas nos modos de vestir-se. Essa diferenciação não é apenas aparente: constrói-se uma nova relação entre os sexos, em que o jogo de sedução e a busca de atrativos ajudam a aproximar e distinguir, contribuindo para definir os novos papéis que caberão a cada membro da sociedade.

No século XV, as formas não haviam ainda sofrido modificações, que nessa ocasião se processavam mais no domínio das ornamentações e dos acessórios, sempre demarcando a posição social ocupada pelo indivíduo na sociedade. Um dos complementos mais interessantes a se destacar são as poulaines, um tipo de sapato extremamente pontudo, hoje revisado pelos designers e transformado numa tendência da moda. A Alemanha introduziu o recorte nas roupas, criando uma nova moda, claramente identificável na iconografia da época, e que parece aproximar-se de muitas das peças contemporâneas.

No século XVI, a expansão do comércio e os novos dispositivos sociais favoreceram ainda mais o gosto pela novidade e a consolidação de uma moda requintada, com o uso de brocados, veludos e cetins. Em Veneza, cidade sujeita a frequentes inundações, as mulheres, para se protegerem das águas, adotam calçados altíssimos, os chopines, confeccionados em madeira ou cortiça, muitas vezes forrados de tecido ou couro e ornamentados com joias (Figura 11, p. 68). Esses sapatos, cujas plataformas atingiam até 65 cm de altura, obrigavam as saias a se alongarem, ultrapassando o comprimento normal de um vestido, o que frequentemente dava a ilusão de que essas mulheres tinham estaturas superiores à dos homens. Plataformas, não tão altas como as dessa época, retornaram a partir de 1930, em décadas alternadas. Atualmente fazem parte da moda em várias releituras (Figura 12, p. 68). As plataformas de Carmen Miranda (Figura 13, p. 68), sem dúvida alguma, marcaram fortemente a sua presença, tendo ganhado fama até entre os que não a conheceram.

A partir de 1517, o movimento conhecido como Reforma possibilitou o surgimento de novas religiões cristãs protestantes e pôs fim à hegemonia política e espiritual da Igreja católica. Dada a quantidade de joias que possuía, Henrique VIII, chefe da Igreja anglicana, foi o primeiro rei a ter suas roupas inventariadas. Nas pinturas de Holbein, podemos vê-lo vestido com uma espécie de suporte rebordado sobre o órgão sexual, o codpiece (Figura 14, p. 69), que, além de ornamentar e unir uma perna à outra, provavelmente tinha como finalidade exibir sua virilidade. Encontram-se releituras desse ornamento na moda masculina atual, como na coleção desenvolvida pela marca Cavallera (Figura 15, p. 69).

A segunda metade do século caracterizou-se pela Contrarreforma, em reação à expansão do protestantismo, o que significou um período de perseguições, fanatismo e restauração dos tribunais da Inquisição. Esse triste acontecimento da História influenciou a forma dos trajes, que se destinavam a esconder o corpo pela rigidez e a imobilidade: acolchoados, rufos, espartilhos, corpetes e farthingales.

Nesse período, a roupa preta, sombria e ajustada de Carlos V, rei da católica Espanha, serviu de exemplo para toda a Europa.

No século XVII, o barroco inspirava as artes e havia peças que conferiam altivez à aparência, como, na Holanda, o rufo, que chegava a atingir enormes proporções. A iconografia registrou com fidelidade os modos de vestir da época, retratando: o período de desconstrução da silhueta, com a perda das estruturas e da cintura no corpo feminino; das grandes golas de renda que caíam sobre os ombros; da figura do herói, representada pelos três mosqueteiros; da Restauração Inglesa, com a volta ao poder de Carlos II, cujas roupas de influência oriental contribuíram para a evolução das formas e acessórios posteriormente utilizados na sociedade de corte.

Um considerável número de releituras surgiu nos séculos seguintes, reeditando elementos como as farthingales – armações internas de madeira, barbatanas de baleia ou arame, que davam volume às saias – e os rufos, que deram origem às grandes golas. Um importante óleo de autoria do pintor holandês Cornelis de Vos,[10] parte do acervo do Museu Metropolitan de Nova York, inspirou Alexander McQueen em sua coleção outono/inverno de 1998, quando um de seus modelos apresentou-se com uma larga gola rendada, numa releitura do traje do século XVII (Figura 16, p. 69). A apresentação do estilista Jum Nakao, no segundo dia da 17ª São Paulo Fashion Week (julho/2004), é um exemplo recente.

Os diferentes estilos das roupas do século XVIII – século das revoluções Industrial, Americana e Francesa – reforçam temas como vida e estrutura social, influências interculturais, regras de etiqueta e comportamento, *status* socioeconômico, avanços tecnológicos e conflitos políticos.

A artificialidade, a frivolidade, os paniers, os espartilhos, os vestidos à Watteau, o estilo rococó, os chapéus tricórnios, as luxuosas casacas,

---

[10] Ver seleção de imagens.

as perucas empoadas e os vestidos polonaise são alguns dos itens registrados na moda da corte de Versalhes até a Revolução Francesa, em 1789, quando foram extintos os privilégios da nobreza.

O abandono dos trajes do Antigo Regime deu lugar ao conforto, à sobriedade e à praticidade. Após 1794, sob a influência da Antiguidade clássica, mudanças significativas nas roupas femininas deixaram-nas mais despojadas.

O traje feminino, uma releitura do quíton grego, é usado desde o período do Diretório, do Consulado e do Império de Napoleão Bonaparte. Simples, em geral branco, confeccionado em musselina ou cambraia, assemelha-se a uma camisola decotada e solta até os tornozelos. Sua principal característica era a cintura abaixo do busto (Figura 17, p. 70).

> ... às vezes tão transparentes, que era preciso usar malhas brancas ou cor de rosa por baixo. O tecido era umedecido para colar-se ao corpo imitando as pregas das roupas gregas representadas em estátuas antigas.[11]

Xales de caxemira, luvas longas, sapatilhas sem salto, pequenas bolsas (as ridicules), leques e turbantes, com ou sem plumas, fizeram parte da elegância feminina desse período. Já os homens davam preferência aos modelos usados na Inglaterra.

O estilo Império foi periodicamente revivido por diferentes estilistas durante todo o século XX (Figura 18, p. 70). Está presente, na moda atual, nas batas e nos vestidos de cintura alta, com as mais variadas interpretações.

Durante o período da Restauração, de 1815 a 1820, o aparecimento da figura do dândi trouxe a mudança mais significativa empreendida no traje masculino. O dândi impôs-se e ditou regras de estilo e elegância. Seu mais legítimo representante foi George Brummel, o Belo Brummel.

No movimento romântico, que se estende de 1820 a 1840, a relação entre a roupa e o desenvolvimento da arte mantém-se evidente. Nesse período, a moda feminina incorporou elementos tradicionais pertencentes ao passado, assumindo uma clara rejeição ao presente. Diversas mudanças ocorreram na moda, a fim de corresponderem ao aspecto idealizado de fragilidade da mulher dessa época: a descida gradual da cintura a seu lugar normal em 1822, consequentemente afinando-a, o reaparecimento do

---

11 Laver (1989).

espartilho, do extenso volume de anáguas, das mangas "pernil de carneiro", dos cabelos cacheados, dos chapéus "tipo boneca", das pelerines, que cobriam o decote e os ombros, e dos tecidos com estampas delicadas. Todos esses elementos refletiam a riqueza ostentada pela burguesia.

As amplas mangas foram reutilizadas na década de 1890, não exatamente em sua forma original, assim como em muitos vestidos de noiva do fim dos anos 1980.

A entrada na segunda metade do século XIX corresponde, na Inglaterra, ao período vitoriano e ao Segundo Império na França, uma época significativa, dado o triunfo da burguesia e da prosperidade material, agentes influenciadores da moda, um produto da Revolução Industrial e da tecnologia. A invenção da máquina de costura, já patenteada por Singer, mudou radicalmente a confecção das roupas, facilitando, por meio da visualização dos trajes, a aproximação das classes sociais.

O aparecimento da alta-costura

Já na década de 1850, a americana Amelia Bloomer, líder do movimento das sufragistas, que lutava por maiores direitos da mulher na sociedade, propôs o uso de calças largas até o tornozelo sob um vestido cuja saia se limitava a cobrir os joelhos. A feminista fracassou na tentativa de transformar as roupas femininas, mas as calças ao estilo Bloomer, próprias para andar de bicicleta, fizeram parte do guarda-roupa da mulher desportista do fim do século.

Essa década tornou-se marcante pelo uso da crinolina e pelo surgimento do conceito de alta-costura, forjado pelo inglês radicado na França Charles Frederick Worth, que se tornou o primeiro estilista da história da moda. Seu alto prestígio permitia-lhe impor seu gosto pessoal na elaboração das roupas que criava e assinava. Worth era o responsável pelo guarda-roupa da Imperatriz Eugenia de Montijo, esposa do Imperador Napoleão III, e de toda a prestigiada sociedade de Paris.

> A crinolina era na realidade o tecido feito de crina de cavalo mesclado ao algodão ou ao linho e que tinha propriedades rijas e flexíveis ao mesmo tempo. A obtenção do enorme e cônico volume das saias era devido ao uso de uma armação de aros de metal chamada cage, que significa gaiola. O conjunto da

armação com a saia propriamente dita acabava sendo chamado de crinolina.[12] (Figura 19, p. 70)

Com esse tipo de armação circular e de movimento, as saias começaram a aumentar e as cinturas tornaram-se cada vez mais finas com o uso de apertadíssimos espartilhos.

Com o passar do tempo, as crinolinas sofreram uma série de alterações, mudando de forma e volume, passando a projetar-se em direção à parte posterior da roupa, até se transformarem em meia-crinolina. Por volta de 1868, surgiram as anquinhas, pequenas armações produzidas com base na crina de cavalo, com o objetivo de aumentar o volume posterior dos vestidos de saias longas com cauda. Mais tarde, anúncios apresentaram as "anquinhas científicas", na década de 1880.

O esplendor e o poder financeiro dessa sociedade capitalista eram representados pelo uso feminino de sofisticados vestidos, cada vez mais enfeitados, acrescidos de uma série de luxuosos complementos que refletiam o *status* social da sóbria figura masculina da qual dependiam.

Na atualidade, o termo crinolina designa qualquer anágua armada, independentemente do tipo de material empregado em sua confecção. Elas são fruto de várias releituras do século XVI ao XVIII e objeto de outras tantas: por exemplo, o look Dior (Figura 20, p. 70) e a coleção de Jean Patou, que em 1987 colocou na passarela modelos com vestidos de noite portando amplas e volumosas minissaias.

A última década do século XIX representou uma mudança de valores, momento em que se pode ver a decadência da velha e rígida estrutura social, em favor da ascendência dos novos-ricos, que se serviam das formas da moda para ostentar suas riquezas nos cabarés e cafés da época.

O advento do século XX

Na França, o período que se estende de 1890 até o início da Primeira Guerra Mundial ficou conhecido como belle époque, uma época de grande efervescência e euforia pela mudança de um século para o outro, pela ostentação, pelo bem-viver, pelo luxo e pela extravagância da classe alta.

---

12 Braga (2004, p. 63).

A Exposição Universal de 1900, realizada em Paris, foi uma demonstração grandiosa das novas técnicas e dos recursos da indústria e das artes, que repercutiu no mundo da moda: momento de apresentação do estilo art nouveau, com predominância das formas em linhas curvas.

A figura feminina seguiu a concepção desse estilo, que enfatizava as curvas, estruturando-se por meio de um espartilho com barbatanas, que realçava o busto, contraía o ventre e jogava os quadris para trás. A cintura era o nó górdio e o centro bem marcado dessa silhueta, que sugeria um "S". Para atingirem o ideal de beleza da época, que se traduzia em ter uma cintura com apenas 40 cm de circunferência, muitas mulheres submetiam-se a cirurgias para retirar costelas.

Paul Poiret, considerado um visionário, é o grande inventor da mulher do século XX. O estilista que as libertou do jugo do espartilho, restaurando a silhueta Império, clássica e longilínea, abriu espaço para outras formas e cores fortes, extraídas das roupas do balé russo, que apresentara a peça "Schéhérazade" em Paris, além de ter introduzido várias outras inovações na moda. O acontecimento vai implementar na sociedade parisiense a estética "orientalizante". A genialidade de Poiret, que concebeu novas associações entre a moda e o perfume, fez dele o responsável pela definição do costureiro como artista de vanguarda e pela concepção de marca de moda expandida para a linha de acessórios e dos objetos de decoração.

Outro nome importante da época foi Mariano Fortuny, já citado por seus plissados, que serviram de inspiração para Mary McFadden nas décadas de 1980 e 1990.

A Primeira Guerra Mundial, de 1914 a 1918, impôs à moda mutações que naturalmente refletiam os acontecimentos da época, como a preferência pelas roupas em tons escuros, mais curtas, limitando-se à altura dos tornozelos para dar praticidade ao vestuário da mulher que trabalhava como esforço de guerra.

A noção de estilo

Pode-se afirmar que a noção de estilo encontra em Gabrielle Chanel uma de suas principais fontes de difusão (Figura 21, p. 71). Dotada de personalidade marcante e espírito empreendedor, Chanel não demorou a responder com uma solução inovadora ao desafio que o período pós-guerra lhe propunha: adequar-se à escassez do momento, sem perder de vista os anseios da nova geração de mulheres que surgia. Novos materiais, mais práticos, favorecendo a aplicação do decantado princípio da funcionalidade, lançado pela Bauhaus, ganharam destaque. Em 1916, Coco Chanel inovou ao produzir tailleurs em jérsei, tecido considerado pouco nobre, mas que ganhou inestimável valor, em consonância com as privações que o momento impunha.

    Equivalente ao terno, o tailleur Chanel tornou-se, por volta da segunda metade do século XX, uma espécie de indumentária oficial da mulher, que conjuga a discrição e a elegância a um jeito moderno e eficiente de estar no mundo. Ao lado dele, o "pretinho básico", vestido de linhas simples e aspecto sóbrio, que podia ser acionável, com elegância, em qualquer situação, constitui-se numa forte presença do estilo Chanel. Ao lado das peças clássicas, Chanel lança uma vertente composta por colares de pérola, correntes douradas, a bijuteria como joia, a camélia ostentada na lapela. São também ideias suas o sapato bicolor bege e preto e o conhecidíssimo tailleur de tweed, além de outros itens convertidos em verdadeiros ícones da moda. O estilo Chanel, que atravessou todas as décadas, foi e é motivo de várias releituras (Figura 22, p. 71). A noção de estilo, ligada ao nome Chanel, deve ser entendida como uma concepção pessoal e duradoura, que se contrapunha aos objetivos coletivos e passageiros da moda.

    O fim da guerra determinou novas adaptações e ajustes, que na moda significaram uma nova maneira de ser, resultante do novo comportamento da mulher, que conquistou certa independência. Trabalhava fora, consumia, praticava esportes, frequentava os cinemas, dançava e começava a fumar em público e a dirigir automóveis. Essa emancipação estimulava a prosseguir no encurtamento das saias, que foram adquirindo aspecto tubular.

    A exibição da mostra de Artes Decorativas e Industriais Modernas, no ano de 1925, em Paris, oficializou o estilo art déco, que privilegiava as formas geométricas, com motivos egípcios e maias derivados das expressões artísticas do passado e do presente; o cubismo, o fauvismo e o expressionismo, movimentos da arte moderna. O traje feminino era, então, um reflexo dos padrões artísticos adotados por esses movimentos, e a joalheria, utilizando materiais semipreciosos, passava a ser formatada em linhas geométricas.

    Com o comprimento das saias atingindo os joelhos, os achatadores de seios, as cintas, a cintura baixa e os cabelos à la garçonne, a mulher andrógina dos Anos Loucos dançava nas casas noturnas e nos salões de baile ao som do *jazz*, do *charleston* e do foxtrote.

As formas dos trajes dos anos 1920 prestaram-se com bastante frequência a inúmeras releituras, mas, em 1996, John Galliano deu-lhes um brilho inusitado e surpreendente.

Em outubro de 1929, a queda da Bolsa de Valores de Nova York abalou o mundo. Apesar da crise decorrente dos graves problemas econômicos, a moda atravessou momentos de grande elegância, sofisticação, esplendor e o resgate da feminilidade, com a silhueta longilínea e a cintura novamente marcada. A imagem da moda torna-se a da estrela de Hollywood, misteriosa e envolta em glamour, atendendo sobretudo aos padrões de fotogenia baseados nos ideais gregos de beleza e proporção. Foram essas formas, reproduzidas nos drapeados dos trajes de seda de Mme. Grés e de Madeleine Vionnet, inventora do famoso corte em viés, que John Galliano recuperou na coleção de 1998 da Casa Dior.

As roupas das atrizes passavam a ser criadas por estilistas. Adrian, por exemplo, desenvolveu um estilo para Joan Crawford, ao colocar, em um vestido de noite branco, vários babados que acentuavam seus ombros (Figura 23, p. 71). Foi o lançamento da moda das ombreiras, cujo sucesso garantiu sua volta nas décadas de 1940 e 1980, tornando-se motivo para uma interessante releitura em uma jaqueta criada por Martin Margiela para a coleção primavera/verão de 1997 (Figura 24, p. 72).

As peles, de diversos tipos, também foram incorporadas como objeto de moda e passaram a ser usadas livremente, até durante o dia.

Entre as demais estilistas da época, numa linha de confronto com sua arqui-inimiga Coco Chanel, a grande inovadora é Elsa Schiaparelli. Autora de releituras dos vestidos do tempo das anquinhas e integrante dos movimentos artísticos do surrealismo, imprimiu essa linguagem em seus chapéus e vestidos.

A Segunda Guerra Mundial (1939-1945) mudou drasticamente os rumos da História. Desde a segunda metade dos anos 1930, a moda começara a ficar mais austera, masculinizada, marcando a influência dos uniformes militares e dos conflitos que ocorreriam.

A recessão pontuou os anos sombrios da guerra, transpondo o espírito de austeridade, praticidade e simplicidade vigentes para novos modos de vestir: os tecidos racionados, o controle de gastos e a limitação da metragem deram contorno às saias justas e aos casacos usados de noite e de dia, indistintamente, e às ombreiras. Apareceram os turbantes, as redes, os chapéus feitos de jornal. As bolsas aumentaram, para que fosse possível carregar alimentos. Os sapatos, tipo plataforma, eram produzidos com materiais diversos, até mesmo com solados de madeira. As saias-calças, compatíveis com o uso da bicicleta, a reciclagem de roupas (a hoje denominada "customização"), o aproveitamento dos tecidos para decoração e o risco das pernas, imitando as meias de náilon, desaparecidas pela escassez de matéria-prima, fizeram parte das formas da moda daqueles tempos.

Quando, em fevereiro de 1947, a americana Carmel Snow, a toda-poderosa editora da Harper's Bazaar, exclamou: "*It's a new look!*", registrava-se um momento mágico e definitivo na vida do estilista Christian Dior e o triunfo da moda em Paris, que ressurgia no pós-guerra. O new look marcava a volta da elegância a que as mulheres haviam renunciado durante tanto tempo, reinventando o luxo numa Europa devastada pela guerra.

A nova silhueta, que restaura o gosto pelo feminino, inspirava-se na moda da segunda metade do século XIX, com cinturas apertadas, saias muito amplas e forradas e blusas estruturadas – de acordo com James Laver, chegou-se a "colocar enchimentos no busto e até nos quadris para acentuar as curvas".[13] Os sapatos ganharam saltos bem altos, e os chapéus, grandes abas – era o lançamento da linha Corola!

> Nós saímos de uma época de guerra, de uniformes, de mulheres-
> -soldados, de ombros quadrados e estrutura de bóxer. Eu desenho
> femmes-fleurs, de ombros doces, bustos suaves, cinturas marcadas e saias que explodem em volumes e camadas. Quero construir os meus vestidos, moldá-los sobre as curvas do corpo.
> A própria mulher definirá o contorno e o estilo.[14]

Os anos 1950 foram o apogeu da alta-costura e podem, segundo alguns autores, ser vistos como a origem da "ditadura da moda". O padrão estético que entrou em vigor era resultante direto da consolidação do new look, que criara uma mulher fortemente feminina, de saias rodadas e com a chamada "cintura de vespa", obtida pelo uso de uma cinta bem apertada. Vestidos tomara-que-caia deixavam os ombros e o colo a descoberto, tornando o visual mais glamouroso. A beleza tornou-se um tema de grande importância, e as cores começaram a reeditar os contornos do rosto: sombras para as pálpebras, lápis de sobrancelha, rímel, delineador, pó compacto e batom ganharam espaço como itens indispensáveis na bolsa de qualquer mulher. No cinema, Audrey Hepburn, vestida por Givenchy, redefinia a elegância.

---

13 Laver (1989, p. 258).
14 Depoimento de Christian Dior publicado na revista Caras, edição portuguesa de 2004.

Ilustrações

Figura 1 – Desenhos geométricos egípcios.

Figura 2 – Releitura de John Galliano.

Figura 3 – Creta, deusa mãe.

Figura 4 – Christian Lacroix, final do século XX.

Figura 5 – Mariano Fortuny, vestido Delfos.

Figura 6 – Issey Miyake, Pleats Please, 1997.

Figura 7 – Madeleine Vionnet, 1931.

Figura 8 – Mme. Grès, 1939.

Figura 9 – Strophium.

Figura 10 – Modelo primavera/verão 2004.

Figura 11 - Chopines, c. 1600.

Figura 12 - Viviane Westwood, 1993.

Figura 13 - Carmen Miranda.

Figura 14 – Codpiece, Henrique VIII, pintura de Holbein.

Figura 15 – Codpiece, releitura atual.

Figura 16 – Gola rendada do século XVII, do pintor Cornelis de Vos.

Figura 17 – Vestido estilo Império.

Figura 18 – John Galliano, 1998.

Figura 20 – Look Dior.

Figura 19 – Crinolina, século XIX.

Figura 21 – Chanel.

Figura 22 – Chanel por Karl Lagerfeld, 1998.

Figura 23 – Adrian, 1932.

O CICLO DA MODA 71

Figura 24 – Martin Margiela, 1997.

Figura 25 – Yves Saint Laurent, Vestido Mondrian, 1965.

Figura 26 – Coleção Swains, 2005.

Figura 28 – Versace, 1994.

Figura 27 – Punks anos 1970.

Essa década de 1950 representa, ainda, o começo da influência americana na Europa e o início da afirmação da moda jovem. À mulher americana correspondia um estilo caseiro – além de bela e bem cuidada, devia ser boa dona de casa, esposa e mãe. Os avanços tecnológicos vinham ao encontro de suas aspirações, com novos utensílios e meios de comunicação e melhores condições de habitação.

Ao som do *rock and roll* – a nova música daqueles anos –, a juventude americana partia em busca de uma nova identidade, exibindo um visual diferente, que fugia aos modismos da geração de seus pais. Inspirando-se no sportswear, as moças vestiam saias rodadas, calças cigarette até os tornozelos, sapatos de salto baixo com meias soquetes, lencinho no pescoço, cardigãs, jeans com a bainha virada e rabo-de-cavalo. Nas telas dos cinemas, James Dean e Marlon Brando, de calças jeans, camisetas de malha e casaco de couro, influenciavam os rapazes mais rebeldes. Cabelo gomalinado, costeletas e topetes compunham o visual semelhante ao de Elvis Presley. Na Inglaterra, surge a moda beatnik, inspirada em gangues de rua e roupas de astros da música *pop*.

O prêt-à-porter, fruto das novas conquistas da tecnologia da confecção desenvolvida durante a guerra, emerge no final dos anos 1950, como um fator de grande importância para a democratização da moda e plataforma perfeita para a instalação do mercado que começa a surgir – o da moda jovem, o grande filão da década seguinte.

Na onda do "revivalismo", vários dos itens mencionados retornam aos editoriais de moda com frequência. Absorvidos pelo mercado, as camisetas de malha e o jeans, a princípio símbolos da rebeldia jovem, convertem-se em peças básicas para todas as idades. Transformadas pelas mais diversas interpretações, são usadas na atualidade em qualquer ocasião.

No início dos anos 1960, os soviéticos exploravam o espaço pela primeira vez, e, no fim da década, acompanhamos a chegada dos americanos à lua pela televisão. Era o início da corrida espacial, que corresponde a um período de mudanças cada vez mais intensas, de convulsões sociais e revolução dos costumes. Uma onda de protestos, contestações e rebeliões explode no mundo: a Guerra do Vietnã, os conflitos raciais nos Estados Unidos (EUA), as rebeliões estudantis.

É nessa década que, pela primeira vez, a moda começa a voltar-se para uma juventude agora individualizada e com poder de compra. Influenciados pelas ideias de liberdade da chamada geração *beat*, os jovens começam a contrapor-se à sociedade de consumo, criando uma linguagem própria, expressa em seus gestos, em sua música, em sua maneira de falar e vestir, deliberadamente antagônica à moda. Ainda assim, formam identidades visuais que refletem o estilo de sua época e foram posteriormente reaproveitadas pela moda dos estilistas.

Essa reviravolta nos costumes foi determinante para o aparecimento de tendências inteiramente diversas das vigentes até então: a moda passa a ser mais democrática, liberada e unissex, refletindo os novos movimentos que, no dizer de Maria Rita Moutinho e Máslova Teixeira Valença, "introduziriam no cotidiano valores como o pacifismo, o feminismo, a ecologia, a contracultura, a música de protesto, o som *pop* e as drogas".[15]

A mudança foi radical. Não se identifica mais uma tendência unívoca e preponderante: a moda se estilhaça numa miríade de propostas cada vez mais vinculadas à diversidade comportamental. Dos fatores a serem considerados relevantes para a moda da época, destacam-se a consolidação do prêt-à-porter, com o consequente declínio da alta-costura; o uso do jeans como afirmação da juventude; o aparecimento dos Beatles, que revolucionaram o mundo com seu visual e sobretudo com sua música; a transformação radical implantada por Mary Quant ao inventar a minissaia; as peças étnicas e "retrôs" da butique Biba; os florais de Laura Ashley; o advento da rua como referência de moda e comportamento; os movimentos artísticos da *pop art* e da *op art*; o visual psicodélico, forjado pelo uso de materiais como plástico e acrílico; as fibras sintéticas responsáveis pela intensificação das cores; o visual *hippie*; o recurso dos brechós; o estilo de Courrèges e Pierre Cardin, com seus looks futuristas; os modelos de Paco Rabanne inspirados na era espacial e confeccionados com materiais alternativos; as criações de Yves Saint Laurent associando a moda à arte moderna, desde as formas geométricas de Piet Mondrian (Figura 25, p. 72) à *pop art* de Andy Warhol; e o sucesso da manequim inglesa Twiggy, com sua aparência infantil, simbolizando a imagem dos anos 1960, época que se torna objeto de várias releituras (Figura 26, p. 72).

> Na década de 1970, o flower power, os Beatles, a busca do Oriente nas filosofias de vida chocavam o mundo, juntamente com o psicodelismo das drogas e a guitarra de Jimi Hendrix. O punk inicia a trajetória do preto que Rei Kawakubo eterniza na década

---

15 Moutinho & Valença (2000, p. 190).

de 1980, em contraste com a exuberância das cores e estampas da época, influenciando a música a partir de bandas como o Sex Pistols.[16]

A década de 1970 começou trazendo uma série de opções de estilo que se consolidariam em referências na moda, pois, ao mesmo tempo em que buscava inspiração num passado idílico, com trajes românticos de tecidos floridos e anáguas rendadas, também se interessava pelo Oriente, após a viagem dos Beatles à Índia; ou mesmo pelo movimento do *flower power hippie*, cujos seguidores reuniam-se na cidade de São Francisco, na Califórnia, vestindo jeans boca de sino bordados, camisas com estampas indianas, saias amplas e flores espalhadas pelos cabelos compridos.

Vários são os elementos que podem ser considerados típicos da moda desse período, que se notabilizou por uma intensa experimentação de materiais, cores, formas e texturas, quando a estética *hippie* ganhava espaço com a psicodelia, atingia o *mainstream* e formalizava o estilo *hippie--chic*; quando proliferavam as estampas multicoloridas do estilista Emilio Pucci e os tecidos em caxemira das roupas indianas; período das calças boca de sino e dos sapatos plataforma instituindo o unissex na moda; da já estabelecida minissaia; da onda *glitter*, a nova moda futurista e andrógina sintetizada na figura do roqueiro David Bowie; do hedonismo dos festivais de *rock* ao ar livre; da celebração de vida alternativa, do amor livre e das drogas; e do *flower power*, cedendo espaço para a individualização, o culto do prazer nas discotecas e o movimento *punk*, já com uma imagem própria, por meio de visualidades vestimentares e comportamentais, que simbolizavam toda a descrença na sociedade (Figura 27, p. 72).

A década de 1970 é ainda uma referência para os criadores de moda, que se inspiram nas suas múltiplas tendências: hippie, glitter, disco, punk. O visual punk, por exemplo, foi revivido em 1994, quando Versace colocou grandes alfinetes em seus vestidos (Figura 28, p. 72), e Jean-Paul Gaultier recorreu às tatuagens para inspirar as estampas de suas camisetas.

Elementos hippies são tendências que ainda hoje se percebem no ar.

Nos anos 1980, momento em que a moda adquiriu *status* no mundo, o que importava era, acima de tudo, a aparência. Estilos múltiplos também caracterizavam o período: as tribos urbanas, punks, góticos, skin--heads, new wavers, rappers, o conceitual minimalista dos japoneses, a

---

16 Lima & Naccarato (2002, p. 328).

aeróbica para a construção de um novo corpo e os jovens profissionais urbanos, os yuppies.

Tudo era experimentação, inovação e transformação, nessa época que se deu ao direito de expressar-se livremente pela roupa. Christian Lacroix, Karl Lagerfeld e Jean Paul Gaultier, na alta-costura, destacavam-se por criações arrojadas, dramáticas e exuberantes, ao contrário dos estilistas japoneses Yohji Yamamoto e Rei Kawakubo, que se expressavam com roupas de simplicidade lírica. É o momento do individualismo, da moda unissex dos tailleurs e das ombreiras, estimulada pela androginia; da ambiguidade como traço marcante, na qual proliferam estampas imitando a pele de animais e acessórios de textura fake, cores cítricas com nomes de frutas, cortes de cabelo assimétricos, com desenhos cuidadosamente esculpidos na nuca, elaborados por uma navalha criteriosamente adestrada. Dos clássicos tailleurs aos agasalhos de moletom e peças em cotton Lycra® recém-saídas das academias – a nova sensação do momento –, todas as formas conviviam nas ruas.

A década de 1980 destaca-se pela complexidade da tecnologia do tecido e pela música, elementos que influenciam a moda de maneira marcante. A imagem como meio de comunicação cristaliza-se, e o corpo transforma-se em vitrine de experimentações de múltiplas naturezas: da "customização" aos estilos, incluindo o "revivalismo" que permanece até hoje.

O minimalismo dos anos 1990 contrapõe-se aos excessos da década de 1980. A globalização misturou tendências revigoradas pelo estilo retrô, numa releitura contemporânea. A moda esportiva entra em ascensão, impõe-se ao vestuário do cotidiano, sendo absorvida até pelos trajes de noite. A democracia reina na moda, com itens que se misturam a designs de diversos níveis.

A moda jovem, cada vez mais andrógina, redistribui-se, diluindo as diferenças entre os mais moços e os mais velhos. Arrefece também o confronto entre os sexos, seja porque a mulher comprovou sua eficiência, seja porque assumiu viver suas diferenças.

A chegada do novo milênio foi comemorada em todo o mundo como o advento de uma era de paz. Quebrando toda a euforia de início de século, a imagem do atentado às torres gêmeas do World Trade Center, em Nova York, nos EUA, em 11 de setembro de 2001, chega à retina de cada homem do planeta em tempo real, por meio da nova potência imagética dos meios de comunicação, cravando-se como uma seta de maneira definitiva em nossos corações. A velocidade dos meios de comunicação e o poder de destruição do homem nos colocam, a todos, frente a frente com uma nova realidade. O poderio bélico americano, como se estivéssemos imersos num universo de ficção científica, deixa-se conhecer. O terror invade nossos corpos e abala valores que julgávamos definitivos.

A moda associada aos mais eloquentes atributos – luxo e glamour – foi levada a repensar-se, indo em busca de novas concepções de simplicidade. Mas o homem, envolvido pelo tempo, elemento propulsor de todas as mudanças, retoma o seu potencial criativo e transforma os acontecimentos. A moda retoma o seu glamour e sua prestigiada posição. E é assim que ela permanece como um espetáculo de ideias e criações humanas.

A globalização difunde a indústria do luxo, e ideias atravessam o planeta em velocidade indizível. As grifes impõem-se e ditam a moda. Os desfiles transformam-se em megaproduções performáticas e a moda plural passa a desenvolver-se mais esfuziante do que nunca, infiltrando-se em todos os segmentos da sociedade.

Hoje, pode-se tudo: "customizar", seguir tendências, misturar estilos, fazer releituras. A moda está na moda, e a moda hoje é liberdade.

Contribuições

Claro que há para tudo uma releitura, tanto dos fatos passados como de emoções passadas, e, do mesmo modo, de imagens ou trajes passados que se pode voltar a usar e a vestir de outra maneira, com outros acessórios e, sobretudo, com outro espírito.

Dra. Madalena Braz Teixeira
Diretora do Museu Nacional do Traje de Lisboa. Licenciada em Ciências Histórico-Filosóficas na Universidade Clássica de Lisboa. Pós-graduada em Museologia e mestre em História de Arte pela Universidade Nova de Lisboa. Docente na Esbal e na Universidade Católica (Lisboa e Porto). Tem organizado um vasto programa de atividades culturais, nomeadamente de temas históricos e etnográficos ligados ao traje e aos têxteis em geral. Curadora de exposições em Portugal e no exterior. Autora de extensa bibliografia sobre História, Estética do Traje e Museologia. Membro da Associação Portuguesa dos Historiadores de Arte, do Conselho Internacional de Museus, do Movimento Internacional para uma nova Museologia. Faz parte do Comitê do Traje do Icom. É presidente da Assembleia Geral da Associação Portuguesa de Museologia (Apom).

Sempre estamos relendo, revendo, reinterpretando formas, volumes, texturas e cores. As formas geométricas, por exemplo, são finitas e nós nem nos damos conta, haja vista a infinidade de possibilidades que nos oferecem quando combinadas com outras características e elementos que estruturam a linguagem visual. Também são finitas e limitadas as formas de nossos trajes. São as combinações que nos trazem a ideia do novo. Quanto mais distante buscarmos referências, mais inverteremos a combinação de uso, mais estaremos apresentando propostas que nos parecerão novas. Algumas combinações criam um grande referencial, um estilo, e então podemos observar como as releituras procuram aproximar-se não apenas das formas do traje, mas também de seu enunciado, suas conexões, seus valores.

Na história da moda, podemos pontuar vários momentos em que as releituras são claramente manifestadas. É a partir dos anos 1960, no entanto, que a moda deixa de seguir imposições ditatoriais singulares para visitar períodos históricos, épocas passadas e diferentes culturas, transformando a releitura num exercício estético contínuo.

Kathia Castilho
Socióloga. Especialista em Design de Moda pela
Academia Koefia de Roma. Doutora em Comunicação e Semiótica.
Professora do curso de Tecnologia Têxtil e Indumentária da USP.
Coordenadora da coleção de livros "Moda e Comunicação".

O que chamamos de "releitura" na moda atual na realidade sempre existiu ao longo do percurso histórico da própria moda.

Referenciar momentos do passado sempre apareceu no processo criativo em diversas áreas, tais como arte, arquitetura, literatura, design e, também, na indumentária e na moda. Tomemos como exemplo a arte e a arquitetura romanas que beberam na fonte grega; também os renascentistas resgataram identidades greco-romanas, o período neoclássico trouxe novamente à tona essas mesmas referências, e o momento atual, seja a denominada "hipermodernidade" ou a "pós-modernidade", também muito se norteia, em algumas áreas da criação, por essas premissas do passado. Percebemos, então, que, em qualquer área de criação, até mesmo na moda, há um processo referencial no resultado final. Nada vem do nada.

Na atualidade da moda, portanto, especialmente dos anos 1980 para cá, tornou-se uma realidade da sua criação inspirar-se no passado para criar as coleções contemporâneas. Não é cópia, não é figurino, nem reconstituição museológica. É uma referência, um sopro, uma lembrança, algumas mais perceptíveis, outras mais sutis, de algo que nos remete a um passado da própria moda, lembrando que o momento de agora é outro, ou seja, nos traz novas técnicas, novas tecnologias, novas estéticas, novos pensamentos, novas ideologias.

O próprio conceito e significado da palavra "cultura" refere-se às tradições e à propagação às gerações futuras do que foi cultivado no passado. Dessa maneira, se a moda é uma expressão cultural; se a moda faz parte do universo acadêmico, que tem o compromisso de divulgação do saber, da pesquisa e da forma de identidade de um povo; e se carregamos sempre na nossa formação uma certa (e qualquer) tradição, acabamos nos inspirando no passado para compreendermos o presente e projetamos o futuro também na moda.

No título desta breve reflexão há uma afirmação inicial que diz "O resgate histórico da moda", e na sequência vem a interrogação "Há sempre uma releitura?". O próprio título afirmativo já confirma essa realidade, pois há a palavra "resgate" e, se o é, automaticamente a afirmação inicial legitima uma resposta positiva ao questionamento que a segue. Se o prisma da criação for o "resgate", haverá de fato "sempre" uma releitura. Usar a palavra "sempre", porém, torna-se perigoso, pois se afirma que essa ou aquela criação também usa dessa prerrogativa. E, às vezes, há de fato o novo.

Não há dúvida de que, por intermédio de um olhar mais treinado ou intelectualizado, sempre vamos enxergar algo que nos remete ao pretérito, mas que esse olhar aguçado não seja suficientemente pretensioso para decretar o fim da criatividade, pois, enquanto houver uma cabeça pensante, haverá criatividade e, consequentemente, transformação. Hoje, além da releitura, há o conceito do crossover, que é o entrelaçamento de várias identidades-épocas distintas num mesmo objeto de resultado final. A princípio, não era assim a releitura, mas hoje ela tem essa nova forma de reler simultaneamente os vários passados.

Decerto a grande maioria do que vemos é de fato bem referencial, mas não esqueçamos que a área têxtil, que nos fornece a base para a materialização das criações em moda, está, cada vez mais, superando-se em técnicas, tecnologia e criatividade.

João Braga
Estilista e professor da História da Moda, História da Arte e Cultura de Moda da Faap-SP, Faculdade Santa Marcelina, Faculdade Senac de Moda, Fundação Getulio Vargas, IBModa, Instituto Europeo di Design e Universidade Anhembi Morumbi. Especialista em Histoire du Costume pela Esmod, em Paris. Pós-graduado em História da Arte pela Faap-SP e em História da Indumentária pela Fundação Escola de Sociologia e Política de São Paulo. Mestre em História da Ciência pela PUC-SP. Autor de diversos livros relacionados à moda.

Não sei se é possível afirmar que a moda se caracteriza sempre por uma releitura, mas, com certeza, percebemos que, na história da indumentária, desde a Antiguidade, diversos povos criaram suas formas de vestir-se e ornamentar-se – mesmo que não qualifiquemos isso como moda –, com base em modelos previamente conhecidos. Por exemplo, as túnicas que, *grosso modo*, caracterizam as roupas de diversos povos da Antiguidade, já eram utilizadas pelos sumérios desde o século IV a.C. e acabaram sendo a base das vestimentas de babilônios, egípcios, gregos e romanos, entre outros.

No que se refere aos romanos, aliás, vemos que partiram das roupas de gregos e etruscos para criarem túnicas e togas que tinham por fim não apenas a proteção e a ornamentação, mas, especialmente, a exibição do lugar que cada um ocupava na sociedade. Ou seja, os romanos buscaram nos trajes usados por outros povos elementos que transformaram a sua indumentária em insígnia de distinção social.

Aprofundando a ideia de releitura na moda – pensando a releitura como a busca de um elemento do passado que sintetiza um desejo do presente –, podemos nos lembrar do barrete frígio, usado pelos *sans-culotte* na Revolução Francesa, e que tem como inspiração o adorno de cabeça dos persas, um gorro bastante fundo que, na frente, descia até as sobrancelhas e, atrás, até a nuca, e era feito de material encorpado, como feltro ou couro, com abas laterais que se prendiam embaixo do queixo. Foi chamado pelos gregos de "frígio" e, cerca de dois mil anos depois, adotado pelos revolucionários franceses como o "chapéu vermelho da liberdade".

Outra fonte de inspiração para a moda, aliás desde a Revolução Francesa, tem sido a civilização greco-romana. Suas túnicas serviram de base para os vestidos Diretório do fim do século XVIII e, desde então, em diversas épocas, assistimos a uma retomada do ideal de beleza greco-romana como tendência de moda, como vemos hoje nas batas e nos vestidos diáfanos que destacam o busto, acentuado por faixas, galões ou bordados.

Finalmente, o Oriente, ou melhor, o chamado orientalismo, também merece destaque. No início do século XIX, a expedição de Napoleão ao Egito produziu uma onda de orientalismo que trouxe os turbantes para a moda, tendência adotada na França e também na Inglaterra. Outro exemplo conhecido são as criações do costureiro Paul Poiret na primeira década do século XX. Mais recentemente John Galliano buscou referências no Egito para duas coleções, sendo que a primeira delas partiu do olhar de Hollywood sobre o tema.

Pensando a história da indumentária em sua longa duração, percebemos que sempre existiram pontos de contato entre os diversos povos e até imposições de padrões vestimentares em função de guerras e conquistas. Mas a busca por referências no passado me parece um fenômeno mais recente, próprio do sistema da moda, que precisa se renovar sempre e num ritmo cada vez mais veloz.

Maria do Carmo Teixeira Rainho
Historiadora, pesquisadora do Arquivo Nacional,
professora de Indumentária da Faculdade Senai/Cetiqt.
É autora do livro A cidade e a moda.

As escolhas dos elementos integrantes de cada look são muito relevantes, porque produzem efeitos, à medida que serão percebidos pelo consumidor final e por ele sancionados ou não com o aceite e uma eventual aquisição. Embora a moda viva da mudança e, portanto, da introdução da novidade no seu meio (tal qualidade de novo é obtida em oposição ao que foi apresentado num passado próximo), dependendo do arranjo criado por um look há distintas maneiras de considerar a introdução dessa novidade.

Na chamada "releitura", o efeito de sentido construído é de renovação, ao passo que na tão sonhada "autoria" que o meio de moda costuma definir como "conceitual" ocorre a produção do efeito de sentido de autenticidade. Sem introduzir novidades nas invariantes do sistema, a releitura define-se por transplantes geográficos e/ou históricos de variantes das categorias de apresentação pessoal, usualmente revigoradas por novas tecnologias. Extraídas de uma ou mais regiões em épocas diferentes, essas variantes repetidas não constituem plágio, pois são revigoradas plasticamente. A atualização expressiva é gerada por profundas alterações da materialidade, notadamente causadas pela técnica usada na recomposição, em eventuais diferenciações das cores, porém mínimas alterações nas formas e na tipologia. Basilares nesse tipo de look, consideramos que as adaptações resultam em categorias que modificam, ainda que sutilmente, o estatuto anterior do objeto, engendrando o efeito de sentido de renovação.

A manutenção de similaridades entre o novo look e seus predecessores (constituídas por elementos capazes de convocar reminiscências) é percebida pelo consumidor porque a estrutura vista e reconhecida aciona sua memória, que é engatilhada para produzir sentido. Não obstante os aspectos racionais e sensíveis que conduzem ao reconhecimento do look como familiar em certa medida, o efeito de sentido de renovação se reitera pelo acionamento dos mecanismos de especialização e temporização. Estes são instalados para marcar o tempo do agora e o espaço do aqui, em relação ao resgate de certos detalhes quase emblemáticos da época ou do local que o look busca resgatar, os quais, por sua vez, marcam o outrora e o alhures do discurso.

Observa-se assim que o valor investido nesse tipo de look é o da atualização, permitindo ao usuário ser do seu tempo ou, como diz Eric Landowski no livro *Presenças do outro*, sentir-se "de sua época". Simultaneamente, propicia-lhe a tranquilidade de poder aderir ao novo sem romper com aquilo que é conhecido, o que gera uma emoção de reconhecimento refletida num sentimento durativo de segurança cada vez que o look é vestido. Em síntese, nota-se que o parecer novidade da releitura é pressuposto pelo não ser, pois, de fato, em termos plásticos ele não é inovador em relação ao sistema de moda: caracteriza-se uma ilusão de novidade. É importante observar, todavia, que a manifestação de componentes sempre identificáveis na releitura aproxima o consumidor do look.

No Brasil do fim dos anos 1940, por exemplo, o elemento que permitiu aos sujeitos consumidores a reutilização do new look de Dior, num clima tropical, foram justamente os tecidos nacionais das tecelagens Nova América e Bangu, bem como a aplicação de pequenos pesos de chumbo na ponta das saias, para que estas não voassem quando as mulheres subissem nos bondes e em outros meios de transporte público em cidades como o Rio de Janeiro. A forma da saia, bastante rodada, pouco se alterou, assim como a cartela de cores originalmente proposta por Dior foi preservada – ressalvadas as diferenças que os tons assumem quando aplicados a materiais diversos do original. Assim, observam-se, nesse look, espaços intercomunicantes com a instalação do "aqui" do espaço urbano carioca em relação ao "lá" das ruas francesas.

Podemos dizer que a releitura, surgida do esforço conjunto de produtores de tecidos, estilistas, lojistas e stylists, configura-se como indicativo de uma aparência a ser mimetizada. Predispõe o surgimento de uma tendência e renega a subjetividade do consumidor aos patamares mais insignificantes para que este possa se manter "em dia" com o que considera atual. Não raro, todavia, o consumidor busca investir num look o valor da autenticidade e isso o mantém alheio à padronização. Esse sujeito pouco afeito ao consumo de tendências induz os produtores de moda à necessidade de fundamentar um look em relação de contradição com a releitura, que convencionamos chamar de "look autoral".

O que diferencia a autoria da releitura é o fato de que a primeira não apenas atualiza as variantes do sistema de moda por meio de inovações tecnológicas, como eventualmente inaugura nele novas categorias por introduzir elementos de outros sistemas. Trata-se, por exemplo, de uma organização da exterioridade bastante comum entre grupos subculturais urbanos, também conhecidos como movimentos de estilo ou tribos urbanas, criadores, eles próprios, de um modo particular de vestir que se disseminou socialmente. Nos movimentos de estilo, o valor da diferenciação em relação às aparências vigentes no meio social circundante é investido em looks que agregam à vestimenta e à gestualidade elementos oriundos de outros sistemas, sejam eles ligados ao transporte (como os *bikers* e suas motocicletas Harley Davidson) ou à prática de esportes (como os *rappers* e seus *skates*), entre tantos outros exemplos. No look autoral, a combinação dos insumos é pautada pelo alto grau de diversidade em sua aplicação, usualmente deslocada da função original, o que engendra um efeito de sentido de singularidade, desdobrado em sentimentos de surpresa ou assombro. Um bom exemplo nos dá o estilista Jum Nakao (2004) na obra *A costura do invisível*, quando detalha o deslocamento do próprio uso do desfile como apresentação do efêmero, tornando-o inesquecível a partir da destruição de roupas preciosas, confeccionadas em papel vegetal como obras de arte.

Carol Garcia
Mestre em Comunicação e Semiótica pela PUC-SP.
Professora e coordenadora das pós-graduações em Moda da Universidade Anhembi Morumbi. Editora-chefe do site Moda Brasil e sócia-diretora da Modus Marketing e Semiótica.

O tempo, impiedoso no trabalho de trazer-nos o futuro, com seu sopro soberbo que sempre transporta mudanças, nunca nos permitirá entender e interpretar o mundo de um único ângulo.

Um amor do passado que volta, por exemplo, traz em suas asas um "pólen" sagrado que nos modifica o olhar e a perspectiva das emoções e dos sentimentos acerca do mesmo "objeto".

Relemos tudo porque nos modificamos o tempo todo. E a moda, senhora absoluta dos códigos de comportamento social, enquadra-se nesse contexto.

Jerry Fernando
Estilista formado pela Ucam. Iniciou carreira reciclando e recuperando materiais alternativos apresentados em exposições no Rio Design Center, Sesc Rio Arte, Pinacoteca do Estado de São Paulo, Espaço da Justiça Federal/RJ, BNDES, Petrobras, entre outros. Faz parte do elenco de artistas da Recicloteca/Ecomarapendi, projeto patrocinado pela Ambev. Vencedor do concurso Moda Mundi Cittá América 2005 na categoria Moda Feminina.

As releituras, no resgate histórico da moda, são uma característica das eras de transição, tal e qual da segunda metade do século XX. No entanto, o novo milênio era antecipado como a era das linhas puras, da alta tecnologia. Fomos todos surpreendidos, contudo, com o estilo rococó do neobarroco. Estilistas fazem releituras glamourosas do desenvolvimento do passado remoto e recente para fugir das dificuldades do presente. Computador e globalização derrubando fronteiras, por exemplo, passaram a aumentar a quantidade, mas não necessariamente a qualidade de vida e informações.

A moda só evolui por meio de experimentação e pesquisa comprovadamente investigativas. Todo novo conhecimento adquirido possibilita a ampliação da visão criadora e poética. Modificações que ocorrem na sociedade e nos meios de produção são refletidas na estética, não importa qual seja o material explorado. A ênfase, hoje, no cenário da moda ainda está na já desgastada fórmula da sensualidade, de formas insinuantes e cores fortes, uma vez que, para se inovar em uma coleção, o investimento, além de ser maior, é mais arriscado. Quaisquer que sejam os caminhos do futuro, a moda conceitual será sempre uma fonte de prazer, porque a arte se relaciona com os estados psicológicos do homem: seus sentimentos, seu gosto, sua sensibilidade. Em uma disciplina de criação artística, o poder de fascinar e inspirar tem que inventar o por fazer e como fazer de forma original, isto é, sem recorrer às releituras.

Cathrine Clarke
Dona da Kate's Jewelry, ateliê de joias no Rio de Janeiro. Sua obra foi consagrada nacional e internacionalmente em concursos como Design de Pérolas 2001, promovido pelo governo do Japão, e Achievements in Inventiveness 2002, do grupo suíço Europa Star. Kate também escreve para a revista Ventura sobre joalheria de arte.

A moda pode ser algumas vezes uma releitura, embora esta não venha dissociada de elementos genuínos, autênticos, oriundos de um processo criativo que é perfeitamente influenciado pela contemporaneidade. É dizer: o criador há sempre de imprimir em sua obra as facetas de sua interpretação (com base em experiências, emoções e outras informações), ainda que sobre esquemas e arquétipos passados. É importante lembrar também que a inovação tecnológica de matérias-primas estará presente por ocasião dessa releitura.

Maria Regina Melo da Costa
Estilista, professora da Ucam e produtora do Fashion Marketing da Ucam.

Na moda, como na arte, há sempre uma interpretação. Um pintor, ao transpor para a tela uma paisagem, por exemplo, está interpretando o que vê, segundo sua própria sensibilidade. Mesmo em se tratando de uma pintura abstrata, é uma emoção que está sendo traduzida para uma linguagem perceptível por outras pessoas. O mesmo se dá, em minha opinião, com a literatura e as demais expressões artísticas. Na moda, não é diferente. O criador de moda interpreta tendências gerais de comportamento, desejos e aspirações do consumidor segundo sua própria visão e seus próprios desejos. Isso em si já é uma leitura, da realidade, que implica sempre releituras, que podem ser conscientes ou não. Christian Dior, ao criar o new look, interpretou o desejo das mulheres por uma moda mais rica, que exprimisse fartura depois dos tempos difíceis da guerra. Assim, conscientemente ou não, "releu" os trajes de luxo da corte dos luíses, com seus excessos de tecidos, certamente a quintessência da noção de luxo francesa. Os grandes estilistas japoneses da modernidade, como Myake ou Yamamoto, releem o tempo todo a tradicional indumentária do Japão. Eu, em meu trabalho, gosto de reler expressões artísticas que me são caras. Tem sido assim com os sapatos e as bolsas que releem Mondrian ou Miró, por exemplo. Assim tem sido com a moda, e não poderia ser diferente. A humanidade, em todas as suas manifestações expressivas, está sempre se revendo, reinterpretando-se, relendo-se.

César Wilson Coelho Gomes
Empresário e designer da marca Swains.

Acredito que a moda seja uma eterna reinterpretação – hoje chamada revival. Se você reparar, encontrará "pedacinhos" de épocas inseridos nas coleções.

Diga-me, há um modelo mais "cinturita" do que as roupas das deusas das serpentes cretenses? E o que me diz do strophium das "moças de biquíni" retratadas nos mosaicos da Villa di Piazza Armerini, na Sicília?

Quando ouço dizer que não existe um design de moda brasileiro, penso logo em nomes consagrados do mundo fashion, como Mme. Grès, a "escultora" da moda, autora de modelos drapeados, belíssimas cópias/inspirações dos drapeados gregos e romanos. Lembro-me, então, de uma imagem, um fragmento de uma estátua egípcia que encontrei ao longo de uma pesquisa e que me deixou ao mesmo tempo intrigada e fascinada. Olhando para ele, observei de imediato a roupa que envolve o corpo, transmitindo a leveza da transparência do tecido, que revela as formas e as curvas femininas.

O que mais me fascinou foi a perfeição do tecido plissado, um perfeito plissé soleil. Esse mesmo plissê, que foi um dos sucessos da década de 1950, encontrado em saias, vestidos e golas, tão apreciado naquela época... E, então, eu me pergunto: existe um design de moda genuinamente francês, italiano, americano, espanhol?

> Cristina Araújo de Seixas
> Mestre em Design pela PUC-Rio, jornalista, produtora cultural
> e professora da Faculdade de Moda Senai/Cetiqt. Na área cultural dirigiu
> e produziu diversos eventos, entre os quais a exposição
> "Mena Fiala, um nome na História da Moda", no
> Museu Histórico Nacional (RJ).

Tupi, or not tupy, that is the question.
Só me interessa o que não é meu. Lei do homem. Lei do antropófago.

Extraídos do "Manifesto antropófago" de Oswald de Andrade.

Cabe, em primeiro lugar, precisar o que entendemos por "releitura", conceito sujeito, como tantos outros ligados ao fazer artístico, a uma polissemia capaz de trazer confusão e equívoco. Com base no conceito de "obra aberta", cunhado por Umberto Eco, podemos falar de releitura como a possibilidade sempre presente de novas leituras de uma mesma obra, ao longo do tempo e do espaço. Com muita probabilidade, as grandes obras da literatura, por exemplo, ensejaram e continuam ensejando leituras diferentes nas muitas oportunidades de sua fruição em épocas e sociedades diferentes. Como teriam sido lidas as obras *Dom Quixote*, *Divina comédia* e *Madame Bovary* quando foram oferecidas ao público pela primeira vez? Que outras leituras foram sendo feitas ao longo dos anos? Como seriam lidos hoje? Impossível saber. Até mesmo porque um único leitor que no decorrer de sua vida tenha feito várias releituras, por exemplo, do *Brás Cubas*, certamente terá experimentado uma espécie de nova fruição a cada vez, por meio de sensações diferentes, de *insights* diversos que a nova leitura proporcionou. Alguém pode imaginar como reagia a plateia dos anfiteatros gregos, no século V a.C., diante de uma tragédia como "Édipo Rei"? E ao longo desses 25 séculos? Nessa primeira acepção de "releitura", portanto, o que podemos entender é que a verdadeira obra de arte é eterna e revela a cada público, a cada leitor, em cada tempo e lugar, faces diferentes de seu segredo. É isso que lhe confere, no dizer de Pound, sua *freshness*, essa vitalidade que a torna imorredoura.

Numa segunda acepção do termo, podemos tomar a releitura como a forma pela qual os artistas reúnem, de forma inconsciente e aleatória, numa espécie de amálgama, toda a sua experiência como fruidores da arte. É, talvez, daí que ele baliza seu mundo interno, suas questões mais profundas, sua experiência de vida para compor sua própria obra. A releitura, nesse caso, é como uma reinterpretação do que leu, ouviu e viu, e que agora se mostra, de forma mais ou menos velada, na sua criação.

Tentemos agora trazer essas acepções de releitura para o mundo da moda. Em um sentido amplo, a moda se apresenta sempre como um conjunto de modelos de comportamento – aí incluído o vestir – que se repetem no meio social, com o forte caráter mimético, de imitação de padrões considerados de elite, entendido esse termo não necessariamente como a camada de maior poder aquisitivo, mas como aquele conjunto de pessoas que exercem, em seu meio, uma função de liderança, uma capacidade de gerar novos padrões de conduta que se transformam em símbolos. Na sociedade de nossos dias é comum falar-se, por exemplo, das tribos urbanas, que seguem um modismo específico, com seus códigos particulares, às vezes em choque com a chamada grande moda e às vezes por ela cooptada.

Seja nessa moda de elite, que se apresenta nos grandes desfiles dos estilistas de fama internacional, seja na moda segmentada e periférica, a releitura se dá justamente com base na semântica das modas vigentes. A mecânica parece ser essa: uma cor, um corte, um penteado, seja qual for o item de expressão da moda, tem seu poder de significação esgotado com o tempo, num prazo absolutamente aleatório e imprevisível. E logo dá lugar a outro, com nova carga significante, que é submetido ao teste da aceitação e adoção. Aprovado, exerce por algum tempo seu reinado e logo cede o lugar ao seguinte. Mas cada uma dessas renovações traz em si a carga de muitas releituras, toda uma camada de sedimentos que se foram depositando na mente dos artistas da moda, e que também formam aquele amálgama sobre o qual falei antes.

Parece que o mesmo Pound afirmava que os artistas são seres antenados, que têm a capacidade de perceber o que está por vir. Essa capacidade não é, no entanto, um poder divinatório, mas uma intuição que melhor se definiria pela expressão inglesa *educated guess*, digamos assim: uma intuição com base em um certo acervo de conhecimentos, provindos de muitas "leituras" anteriores. Arriscamos assim dizer que, em moda, tudo o que se cria é fruto de uma ampla, geral e irrestrita releitura.

Jorge Cordeiro de Melo
Museólogo, pesquisador, conferencista. Curador de diversas exposições.
Chefe da Reserva Técnica do Museu Histórico Nacional (RJ).

Referências bibliográficas

Baudot, François. *Moda do século*. São Paulo: Cosac & Naify, 2000.
Bénaïn, Laurence. *Issey Miyake*. São Paulo: Cosac & Naify, 1999.
Boucher, François. *Historia del Traje en Occident: desde la Antigüedad hasta nuestros días*. Barcelona: Editora Montaner y Simon, 1965.
Braga, João. *História da moda: uma narrativa*. São Paulo: Editora Anhembi Morumbi, 2004.
Caldas, Dario. *Universo da moda: curso online*. São Paulo: Editora Anhembi Morumbi, 1999.
Deleuze, G. *Diferença e repetição*. São Paulo: Edições Graal, 1988.
Embacher, Airton. *Moda e identidade: a construção de um estilo próprio*. São Paulo: Editora Anhembi Morumbi, 1999.
Fukai, Akiko; Iwagami, Miki; Koga, Reiko; Nie, Rii; Suoh, Tamami. *La colección del Instituto de la Indumentária de Kioto*. Moda. *Una historia desde el siglo XVIII al siglo XX*. Taschen, 2002.
Koda, Harold. *Extreme beauty: the body transformed*. Nova York: Metropolitan Museum, 2001.
Laver, James. *A roupa e a moda: uma história concisa*. São Paulo: Companhia das Letras, 1989.
Lehenrt, Gertrud. *Fashion. A concise history*. Londres: E. Laurence King, 1998.
____. *História da moda do século XX*. Portugal: Könemann, 2001.
Lima, Vera; Naccarato, Rosana. "Moda, mundo, museu: a pesquisa de moda no MHN". In Anais do MHN, v. 34, 2002.
Lipovetsky, Gilles. *O império do efêmero: a moda e seu destino nas sociedades modernas*. São Paulo: Companhia das Letras, 1989.
Mendes, Valerie; Haye, Amy de la. *A moda do século XX*. São Paulo: Martins Fontes Editora, 2003.
Moutinho, Maria Rita; Valença, Máslova Teixeira. *A moda no século XX*. Rio de Janeiro: Editora Senac Nacional, 2000.
Nacif, Maria Cristina Volpi. "Estilo urbano: Um estudo das formas vestimentares das camadas médias urbanas no Rio de Janeiro, na primeira metade do século XX". Tese de Doutorado em História Social. Centro de Estudos Gerais. Instituto de Ciências Humanas e Filosofia, Universidade Federal Fluminense. Niterói, 2000, 430p.
Nery, Marie Louise. *A evolução da indumentária: subsídios para criação de figurino*. Rio de Janeiro: Editora Senac Nacional, 2003.

Novaes, Carolina Isabel. Caderno Ela. Rio de Janeiro, 9.5.2005.
Palomino, Érika. *A moda*. São Paulo: Publifolha, 2002.
Palla, Maria José. *Do essencial e do supérfluo*. Lisboa: Editorial Estampa, 1992.
Tortora, Phyllis G.; Eubank, Keith. *Survey of historic costume: a history of western dress*. 3.ed. Nova York: Fairchild Publications, 2001.

Tatiana Messer Rybalowski
Mestranda em Design pela PUC-Rio, Arquiteta pela UFRJ,
estilista pelo Senai-Cetiqt, especialista em Psicopedagogia
e professora e consultora de moda.

Detalhes tão pequenos

*A importância dos aviamentos e acabamentos na construção
dos valores extrínseco e intrínseco do produto de moda*

> "*God is in the details.*"/ "Deus está nos detalhes."
> (atribuído a Mies van der Rohe)

As idas àquele local sempre surtiram um enorme efeito sobre mim. Sempre que minha mãe acenava com a possibilidade, as batidas do meu coração aceleravam-se, e os minutos pareciam transformar-se em horas. Horas, dias ou meses? Difícil afirmar, apenas pareciam infindáveis, assim como a contagem do número de dias que me separavam do meu aniversário.

A imaginação antecipava-se à realidade, e o universo de sonhos que eu lá encontraria já desfilava na minha mente. Todas aquelas cores, tamanhos, formas, variedades e possibilidades pareciam conter tudo o que alguém almejasse na vida.

A espera obediente (e ansiosa) era recompensada assim que minha mãe dava o sinal. Saíamos pela porta de serviço, atravessávamos o corredor que nos levava ao elevador e, na chegada à portaria, encaminhávamo-nos para os dez degraus que nos conduziam à rua. Virávamos à esquerda e percorríamos um espaço que parecia comportar um milhão de passos que nos separavam da rua que devíamos atravessar. Nesse momento, a vontade era simplesmente continuar andando, apertando cada vez mais o passo, pois nosso destino já podia ser avistado. Minha mãe, no entanto, segurava firme minha mão, contendo a ansiedade de quem não consegue enxergar o movimento dos carros. Esperávamos o momento apropriado para, então, atravessar o último obstáculo. A subida de um único degrau representava a entrada no Paraíso.

E lá estavam as prateleiras lotadas de vidros que continham contas, que refletiam a luz tal qual estrelas; fitas que pareciam pender das asas de fadas; uma infinidade de rolos que, juntos, pareciam formar um gigantesco arco-íris; botões de cores, formatos, texturas e tamanhos tão diferentes que pareciam ter sido catados no fundo do mais profundo oceano. Havia, ainda, as misteriosas gavetas que, ao serem abertas, revelavam ainda mais segredos que faziam minha imaginação devanear naquela filial da terra dos contos de fada.

Tudo aquilo ia preenchendo a minha mente, que, absorvendo entusiasmada e freneticamente aquelas informações, começava a criar as fantasias de príncipes e princesas, sultões e marajás, czares e czarinas, enfim, todo o figurino para os personagens que povoam os reinos da fantasia.

As contas transformavam-se em pedras preciosas, os bordados eram feitos de cabelos de louras princesas, entremeados com fios de ouro. Botões eram de esmeraldas, rubis, prata e ouro. A exuberância do figurino era tão grande quanto o impacto que aquele local causava na minha imaginação.

O armarinho era, sem dúvida, um coletivo de sonhos em que pululavam fantasias em forma de aviamentos, envolvendo seres fantásticos, onde a imaginação fértil ia buscar inspirações para enriquecer de detalhes as criações que borbulhavam.

Fontes de inspiração e fortes estímulos, os elementos que povoavam o armarinho eram subsídios incontestáveis para o aumento do fluxo criativo e das possibilidades daquela criança. Daqueles detalhes tão pequenos, o todo, o produto (da imaginação?) ia revelando contornos e importâncias que nunca teria, caso não houvesse aqueles ricos e pequenos detalhes.

Os detalhes e a alta-costura

A moda e o luxo sempre caminharam juntos. Considera-se que a moda nasceu na Europa medieval cristã, propondo, então, um novo sistema para a elegância ocidental.

Elitista, era cultivada dentro dos círculos da nobreza que detinham o poder social e econômico da época e ditava as leis que regiam a moda, seguida e imitada pela alta burguesia.

A partir do século XVIII, a burguesia busca sua ascensão de todas as formas e encontra na moda um grande aliado, mas é a partir do século XIX que o cenário se torna ideal para que a moda penetre em todas as camadas sociais.

As democracias espalham-se pelo Ocidente, extinguindo os privilégios de sangue, e a Revolução Industrial alça ao poder uma nova classe social: a alta burguesia. A partir desse momento, a velocidade das mudanças aumenta de maneira incrível. A variedade de estilos prolifera, e seus ciclos de nascimento e morte tornam-se cada vez mais breves. O luxo busca meios de subsistência nessa infinidade de estilos, e o surgimento da alta-costura propicia um terreno seguro para sua perpetuação.

O começo oficial da alta-costura ocorre no século XIX, com a ida de um inglês a Paris, seduzido pela mítica aura em torno da cidade. Primeiramente empregado de uma empresa, em 1858 abre seu próprio negócio: a Maison Worth. Tendo como uma de suas clientes a Imperatriz Eugénie, esposa de Napoleão III, Charles Worth cai nas graças da elite francesa e cria em torno de si uma aura de importância antes inexistente. A relação de serventia antes existente entre costureiro e senhor se transforma numa nova em que o costureiro – agora criador – propõe (e, por vezes, impõe) a sua criação ao cliente.

A produção das roupas exclusivas, concebidas por um criador que dita as regras, é sob medida, feita à mão, com matérias-primas nobres, mão de obra especializada e regras próprias. Essas características atravessaram os tempos e, ainda hoje, perpetuam-se como identificadoras do sistema de alta-costura.

A alta-costura é um negócio conhecido por aqueles que a praticam como "a arte da perfeição"; é a cristalização dos ideais de uma época por meio de tecidos e cores. Território de criação de um alto estilo que encanta o mundo, ela carrega em si ligações com a nobreza e o poder.

O êxito da alta-costura deve-se às criações únicas e originais aliadas a uma construção primorosa, que conta com profissionais especializados na montagem da peça e no fornecimento de botões e aviamentos produzidos no mais alto nível de habilidade artesanal, um mundo em que os detalhes são fundamentais.

O século XX

Desde o começo do século XX, com o avanço das tecnologias industriais, um outro caminho apontava novas tendências para a produção do vestuário.

A economia industrial consolidava-se em conformidade com o modelo econômico capitalista, em que o lucro é o grande objetivo da produção dos bens de consumo, e a produção seguia padrões de previsão, rapidez, padronização e grande escala. O novo modelo formava massas consumidoras cuja dinâmica reduzia ao mínimo o que cada um produzia. A pequena produção independente ou autônoma tendia a ser substituída por produções em grandes indústrias, que despejavam seus produtos em volumes cada vez maiores.

Várias técnicas e conceitos aceleraram a confecção do vestuário. Uma das mais notáveis foi a máquina de costura. Embora não se possa creditar a invenção desse equipamento a uma única pessoa, já que vários projetos vinham sendo desenvolvidos e aperfeiçoados desde a metade do século XVIII, é a partir de 1851, quando Isaac Merrit Singer requer a patente de seu projeto – a máquina eficiente, prática e, acima de tudo, acessível –, que ela passa a ser realmente utilizada para produção. Outros fatores, como a eletricidade, as melhorias nas operações de confecção, as evoluções nos processos de fiação, tecelagem e beneficiamento de fios e tecidos, e o grande avanço da indústria química, também colaboraram para a transformação do cenário da produção de vestuário.

As roupas daqueles que trabalhavam nas indústrias, os operários, passam a ser industrializadas. A confecção em série diminuía os custos, possibilitando a sua aquisição. O custo de uma roupa feita sob medida era muito diferente, de difícil acesso.

O modelo da produção de vestuário em confecção industrial, contudo, estaria restrito ao mercado composto por operários, caso não fosse a classe média (ou classes médias) uma classe repleta de nuanças e categorizações, em alguns momentos, extensão das classes dominantes para baixo e, em outros, extensão das classes operárias para cima, e cujo nome (média) é indicativo do tempo de lazer, do nível de instrução e da renda que lhe são acessíveis.

O fato é que a adesão da classe média permitiu que valores estéticos típicos da burguesia fossem agregados ao modelo de produção da confecção industrial. Daí surgiu uma roupa feita industrialmente, com detalhes e características diferenciadores, para que não fosse confundida com a dos operários. Assim, com as devidas limitações, alguns elementos de requinte, acabamento e luxo foram fundidos ao processo industrial a fim de criar um produto capaz de atender à classe média. É como se fosse promovido um encontro entre a alta-costura e a confecção industrial.

Os desenhos e a produção das roupas das elites foram simplificados para atender aos novos hábitos e costumes trazidos pelo gosto por esportes e por novos parâmetros morais e estéticos. Os Estados Unidos (EUA) criam o casual wear, um conceito em que praticidade e conforto são as palavras-chave. A racionalização da produção é fundamental para atingirem-se as metas dessa nova tendência. A produção em massa, ou mass production, expressão americana que se tornou universal, traduzia um novo estilo de vida e produção.

Cada vez mais, a roupa simplificava-se, para atingir um número crescente de consumidores. Ficavam mais práticas, porém sem muitas inovações ou interesse. Os cortes eram simples, os acabamentos, por vezes defeituosos, e o aspecto criativo, muito limitado. A roupa industrial, desprovida de novidades e qualidade, focada unicamente nas restrições da produção industrial, era acessível, porém sem bossa.

O prêt-à-porter

O prêt-à-porter é uma fusão do modelo da confecção industrial com o conceito da criação de moda, até agora praticamente restrito às esferas da alta-costura.

> É em 1949 que J. C. Weill lança na França a expressão "*prêt-à-porter*" tirada da fórmula americana *ready to wear*, e isso a fim de libertar a confecção de sua má imagem de marca. À diferença da confecção industrial tradicional, o *prêt-à-porter* engajou-se no caminho novo de produzir industrialmente roupas acessíveis a todos, e ainda assim "moda", inspiradas nas últimas tendências do momento.[1]

As primeiras investidas dessa democratização da moda não passaram de uma tentativa de barateamento de custos, por meio da produção em série, de criações concebidas pela alta-costura.

---

[1] Lipovetsky (1989, pp. 109-110).

Um dos grandes desafios era eliminar o estigma de roupa mal executada, com defeitos, da roupa confeccionada industrialmente.

A princípio a experiência não traz os resultados esperados, mas, a partir da década de 1960, novos criadores, percebendo o momento e as oportunidades por ele trazidas, traduzem o prêt-à-porter como uma expressão do que é novo e desejado (consciente ou inconscientemente) numa roupagem repleta de juventude e audácia.

Em 1966, Yves Saint Laurent cria a primeira coleção prêt-à-porter baseada nas premissas e restrições da confecção industrial, e não uma "nova moda" baseada nos conceitos da alta-costura.

O vestuário industrial constrói a sua própria personalidade, sem nenhuma subordinação à alta-costura, já que passa a ser uma criação original, inovadora e, acima de tudo, democrática.

Um novo cenário

O século XX depara-se com duas importantes correntes.

Apesar da crescente importância da classe média no contexto social da época, até a década de 1950 a alta-costura reina absoluta: suas criações são copiadas, os estilistas são figuras consagradas e suas palavras repercutem como dogmas no que diz respeito a moda, elegância e estilo.

Os membros do seleto clube de estilistas da alta-costura são associados à Chambre Syndicale de la Couture Parisienne – câmara sindical que regulamenta pré-requisitos nos processos operacionais e o controle de excelência em qualidade – e obedecem a termos que estão contidos numa página, mas que podem ser resumidos, de forma simplista, numa expressão: "no mass production".

A partir da década de 1950, no pós-guerra, uma onda de consumismo propõe algumas mudanças de comportamento que vão criar novos contornos na sociedade. O gradual declínio da alta burguesia como padrão do bom gosto e modelo de vida traz à tona o estilo de vida da classe média, que passa a ser desejado. Sobretudo aquele vindo dos EUA, que pouco tinha sofrido com a guerra, e crescia em função de sua classe média. Surge o conceito do "American way of life".

A classe média, ávida por demonstrar suas conquistas, quer externá-las por intermédio de seus pertences, e, nesse jogo, a roupa torna-se um instrumento de suma importância. A fim de atender a esse consumo explosivo, o vestuário passa a ser cada vez mais prático e com orçamentos limitados. As peças não devem conter muitos detalhes nem impor maiores dificuldades à confecção. O custo do tempo passa a ser um fator crítico para as confecções, que agora adquirem o *status* de indústria de confecção de vestuário.

O consumismo crescentemente exacerbado força a aceleração dos processos, e as tendências são mais e mais efêmeras. As peças, simplificadas, têm menos requintes na modelagem e nos acabamentos e menos detalhes. Quaisquer insumo e aviamento são calculados, e sua utilização é custeada e minimizada. É a era da racionalização de custos.

O vestuário atende ao novo espírito da efemeridade. A modernidade torna habituais as roupas com vida curta.

A roupa torna-se descartável.

A produção industrial de moda

Os tempos de luxo foram substituídos por tempos de contenção, de produtos massificados, adequados à nova realidade dos consumidores e do varejo. A alta-costura experimenta um processo de decadência, e seu volume de clientes despenca de maneira vertiginosa.

A produção industrial tem grandes avanços tecnológicos, que implantam novas formas de produção nos diversos setores da indústria de confecção e imprimem uma velocidade maior à produção, a fim de atender mais rapidamente o consumidor. As mudanças nos hábitos de consumo deslocam, cada vez mais, a estratégia de fabricação em direção à simplificação da confecção e à redução do preço final para o cliente. Concomitantemente, a concorrência na indústria aumenta de maneira progressiva, exigindo novas estratégias de produção que sustentem a competitividade da empresa.

Os gigantescos volumes de produção inundam o mercado de produtos massificados, sem muitas características que os diferenciem. As limitações no uso de ornamentações, aviamentos e acabamentos (os detalhes), visando à formação de baixos custos, criam produtos pasteurizados, sem identidades que os tornem pessoais ou individuais. O auge desse processo se dá quando o elemento diferenciador passa a ser não mais o produto, mas apenas uma grife, criada e sustentada por campanhas de marketing milionárias. A satisfação do consumidor já não é obtida por meio do produto em si, mas dos atributos e das mensagens que o caracterizam. O vestuário de grife transforma-se num veículo de reforço da autoimagem identificada com a representação do "eu" ideal.

Transferem-se para o produto valores e *status* definidos por meio de mensagens subjetivas contidas em suas propagandas, e não por seus atributos reais intrínsecos.

A busca da identidade

O fácil, o instantâneo e o impessoal, no entanto, contrapõem-se ao que o consumidor começa a desejar. A complexidade e o volume de informação despejada pelos meios de comunicação tornam o consumidor, se não mais consciente, ao menos mais informado.

Atitude e desejo de diferenciação passam a ser compreendidos como expressão de atualidade. O consumidor percebe que pode criar sua própria imagem e expressão pessoal por meio do modo de se vestir.

Os conceitos, regras e padrões que de certa forma subordinaram a criatividade de quem consome são abolidos em prol de uma liberdade criativa. A roupa é percebida como uma forma de revelar o que se é e como se deseja estar presente na sociedade. Os modos de usá-la e interpretá-la irão refletir estilos de vida e atitudes. O culto à individualidade redefine os contornos da moda, fazendo com que as imposições das tendências sejam reavaliadas.

Aliado a essa nova percepção e à falta de verba para se gastar com marcas de grife, surge o fenômeno da customização – derivação da expressão inglesa "custom made", que significa "feito sob medida". O verbo *to customize* quer dizer "fazer ou mudar alguma coisa de acordo com as necessidades do comprador", como ensina Erika Palomino, em *A moda*. Trata-se, assim, de uma reação à moda calcada em valores materiais e não criativos que passa a ser uma expressão de individualidade, já que materializa a criatividade e o desejo de diferenciação. Os detalhes dessa construção em forma de "peça única" são capazes de revelar intenções e muitos outros significados, objetivos e subjetivos.

Apesar de parecer um contrassenso, no que tange à oposição entre produção individual e produção em escala, ao penetrar consciente ou inconscientemente no universo do consumidor, a customização entra na moda e passa a ser alvo de sua vertente comercial. Assim, a moda, com seus códigos próprios e por vezes difíceis de compreender, atinge seu objetivo.

Por fim, nos anos 2000, a idéia vigente é a de que cada um faz o que quer com a sua imagem. Ao menos é essa a mensagem vendida.

O valor agregado ao produto diferenciado ou uma certa aura artesanal

O produto diferenciado agrega em si vários atributos e qualidades intrínsecos, relativos ao custo de matéria-prima e de fabricação, e extrínsecos, relativos ao design e ao apelo, que são percebidos pelo consumidor e que estão em direta sintonia com suas expectativas e desejos.

A tecnologia, cada vez mais presente, pode estar incorporada nas matérias-primas, nas operações e em outros itens que compõem o produto direta ou indiretamente. O consumidor, no entanto, busca mais do que isso.

O aspecto do artesanal, daquilo que é ou parece ser feito à mão, um a um, ainda persiste com um forte apelo junto ao consumidor. O produto que recebe maior atenção, que tem etapas de produção "personalizadas", que é criado de uma forma distinta tem, por extensão, um novo preço. Esse produto não deve ser comparado ou confundido com o artesanato feito à mão, individualmente. Nele estão embutidos processos industriais que conferem atenção especial a detalhes, aviamentos e acabamentos. A produção é industrial, mas com uma "aura" individual.

As limitações impostas pela racionalidade econômica da produção industrial são reavaliadas em prol de um ajuste a um novo conceito de produto que retoma formas, técnicas e aparência artesanal. O seu aspecto de artesanato prêt-à-porter, feito com requinte e cuidado, utilizando aviamentos e acabamentos especiais, agrega ao produto qualidades de ordem estética, comercial e conceitual.

A produção de itens diferenciados

Os novos comportamentos e desejos do consumidor, sua busca por individuação, dão origem a uma tendência à diferenciação dos produtos, o que impõe novos desafios à indústria de moda e confecção.

As estratégias competitivas da indústria são direcionadas para o binômio custo x diferenciação, cujos termos mantêm uma relação diretamente proporcional: detalhamentos geram a expansão do tempo de fabricação e do custo da matéria-prima, segundo suas complexidades. Em outras palavras, quanto maior a diferenciação, maior o custo.

A estratégia de produção deve, portanto, ter como objetivo a criação de sistemas de fabricação com níveis de produtividade e flexibilidade inseridos num quadro de competitividade dentro dos segmentos em que atua. O primeiro passo para o estabelecimento dessa estratégia de produção de produtos diferenciados deveria considerar as seguintes variáveis:

- qualificação e habilidades técnicas da mão de obra;
- estilo e design capazes de criar diferenciais no produto; e
- acesso à tecnologia compatível com os produtos desenvolvidos.

Qualificação

A costura é a etapa do processo produtivo em que há a maior concentração de mão de obra e tempo de produção. Os avanços tecnológicos procuram amenizar esse quadro por meio de sistemas CAD/CAM – Computer Aided Design (Design Assistido por Computador) e Computer Aided Manufacturing (Manufatura Assistida por Computador) –, ferramentas fundamentais na evolução da indústria de confecção nos dias de hoje. Tanto nas etapas de criação, quanto nas de produção, o auxílio do computador é imprescindível. Máquinas de costura que integram em si todas as operações, dispensando a presença de operadores, não são produtos de ficção científica.

Na montagem de produtos diferenciados, no entanto, a substituição da atividade humana é praticamente impossível. Os detalhamentos e as decorrentes operações específicas imputam ao produto um caráter praticamente artesanal, já que as operações para a execução dos diferenciais geralmente requerem qualificações e habilidades muito específicas, além de conhecimento dos recursos dos equipamentos utilizados.

Mesmo em produções de peças convencionais, a mão de obra é o grande fator de relevância para que uma indústria de confecção tenha condições de competitividade.

O grande diferencial do elemento humano em relação às máquinas é que o primeiro incorpora ao processo de fabricação inteligência, capacidade de aprendizagem e habilidades individuais, conseguindo imprimir ao produto um caráter único e pessoal, além de permitir operações que, no estágio atual, não podem ser realizadas por máquinas.

Os fornecedores de cada matéria-prima podem contribuir para incrementar a qualidade da mão de obra com informações e demonstrações técnicas sobre operações relativas ao emprego de seus produtos. Pequenos cursos, dentro da própria empresa, para disseminar e nivelar o conhecimento relativo a uma nova matéria-prima, e visitas técnicas a empresas que já utilizem a matéria-prima em seus produtos também podem ser organizados.

Estilo e design

Estilo e design são em si grandes diferenciais no desenvolvimento de um produto. O design transforma o banal em desejável. Parte da definição de um objetivo para, então, tratar das questões e respostas para encontrar um meio de alcançá-lo. Trata de abordagens racionais, como o reconhecimento e o conhecimento das questões técnicas inerentes aos problemas da produção, e de abordagens não tão racionais, como a necessidade de lidar com apelos estéticos do produto, perceber desejos e viabilizá-los em um produto.

Ao mesmo tempo, o design é um importante ator nesta época em que a utilidade do produto já não é o que fundamenta a escolha do consumidor: a aparência e o aspecto final são os fatores que geram o impulso da compra. O design agrega valor pela inovação e pela diferenciação e ainda atribui qualidade ao produto.

A otimização dos custos também pode ser gerada por meio de um diálogo inteligente entre design e engenharia de produção, quando soluções conjuntas podem trazer interessantes diferenciações a baixo custo.

Acesso à tecnologia

A confecção de produtos diferenciados deve contar com máquinas e dispositivos próprios e adequados para cada um dos tipos de aviamentos ou acabamentos utilizados no processo de fabricação. Algumas vezes, esses equipamentos fazem parte do pacote de produtos dos fornecedores de matérias-primas diferenciadas. Para algumas operações, entretanto, a empresa deverá desenvolver seus próprios dispositivos, gabaritos etc.

Os layouts de fabricação para produtos diferenciados devem ser alterados para incorporar novas operações específicas no processo produtivo de itens diferenciados. Também os fluxos de operações, antes automatizados, devem prever atividades artesanais com intensivo emprego de mão de obra especializada. Em muitos casos, as operações são completamente manuais, dado seu grau de complexidade ou detalhamento. É preciso, portanto, desenvolver novos planos de trabalho para permitir a inserção de aviamentos especiais e elaborar fichas técnicas com maior grau de detalhamento para essas operações.

Para introduzir as novas tecnologias no ciclo de produção, é necessário que a mão de obra seja capacitada para operá-las. Devem-se prever etapas de testes da nova tecnologia, inicialmente em lotes-piloto, e, posteriormente, em lotes de produção, até o completo domínio da nova tecnologia e a estabilização dos resultados.

A criação de catálogos sistematizados de amostras de aviamentos, com a descrição de suas características técnicas, fornecedores e valores de referência, para consulta das diversas áreas da empresa, é de suma importância.

A paleta do artista

> O artista estuda seus materiais e métodos com a finalidade de adquirir o maior controle possível em suas manipulações, para que assim obtenha as melhores características da técnica que escolhe, expresse e transmita apropriadamente suas intenções e garanta a permanência de seus resultados. O eventual abandono de métodos já comprovados implicará um sacrifício de um desses objetivos. No entanto, aqueles que alcançarem um domínio completo e inteligente dos princípios básicos serão capazes de alterar com êxito os procedimentos estabelecidos, adaptando-os às suas necessidades individuais.[2]

A paleta de um pintor é a seleção limitada de cores escolhidas pelo artista a fim de executar um trabalho. É como se fosse a chave para

---

[2] Mayer (1996, p. 5).

ordenar uma criação que trata de escolhas equilibradas entre técnica e intuição. Os recursos de aviamentos e acabamentos selecionados por um designer de moda para a criação de produtos diferenciados podem ser comparados a essa paleta.

A paleta traz em si uma ideia de limitação e ordenação, já que o uso excessivo e sem controle de efeitos de cor resultaria em defeitos similares ao uso incorreto de técnicas pictóricas. Da mesma forma, o designer de moda trabalha de maneira ordenada na seleção e combinação dos elementos disponíveis a fim de gerar novos arranjos que alcançarão resultados satisfatórios tanto do ponto de vista estético quanto de custos.

Na correta utilização dos recursos para criar combinações originais que estimulem o consumidor é que reside o talento do designer de moda.

Chave de classificação de aviamentos

Uma peça de vestuário agrega vários elementos em sua confecção. Além da matéria-prima principal, o tecido, há todo um universo de materiais utilizados para se obter a forma, a estrutura e os efeitos desejados. O conhecimento e a aplicação desses recursos permite que o produto reúna em si os valores extrínsecos e intrínsecos que despertarão o desejo do consumidor pelo produto.

Os aviamentos podem ter várias funções, tais como *construtiva* ou *componente* e *decorativa*, ou, ainda, um caráter *informativo/legislativo*. Além disso, podem agregar à sua função original um cunho promocional.

Quando o elemento é utilizado apenas como adorno, mas sem nenhuma característica funcional, o aviamento tem função decorativa ou de embelezamento. É o caso de sianinhas, franjas, strasses, patches (aplicações bordadas), etiquetas decorativas, puxadores de zíper decorativos etc.

Os aviamentos informativos/legislativos são elementos de identificação e marca ou etiquetas, que têm caráter informativo e cujas principais funções seriam identificar o fabricante, o tamanho da peça, a composição dos materiais e oferecer as instruções de conservação.

Independentemente de sua função original, alguns aviamentos incorporam também uma função promocional de divulgação da logomarca. São formas sutis, por vezes nem tanto, de firmar a marca e agregar valor à peça. Exemplificam esses aviamentos os galões personalizados, os puxadores de zíper, os botões, os elásticos, as fitas para acabamento de cós, as fitas para pendurar as peças em cabides etc., todos devidamente personalizados.

Ainda podemos classificar os aviamentos quanto à sua visibilidade, como aparentes ou não aparentes. Os primeiros teriam exemplo nos zíperes, botões, bordados, etiquetas etc., ao passo que os não aparentes seriam as entretelas e os elásticos.

A seguir é apresentada uma sistematização por meio de classes, ou chave de classificação de aviamentos, que permite agrupá-los e estabelecer categorias com afinidades entre si.

Aviamentos construtivos ou componentes
- Elementos de união: fios e linhas
- Elementos de fechamento: botões, colchetes e zíperes
- Elementos flexíveis de ajuste e união: elásticos
- Elementos rígidos de união e ajuste: fivelas, rebites, ilhoses, mosquetões, argolas, fechos etc.
- Elementos estruturais embutidos: entretelas

Aviamentos decorativos
- Elementos de adorno externo: passamanarias, galões e rendas
- Elementos de fantasia: strasses, cristais, lantejoulas, paetês, cravos, enfeites, tachas, contas, miçangas, canutilhos, penas, plumas etc.

Aviamentos informativos/legislativos
- Elementos de identificação e marca: etiquetas

O Brasil como inspiração

A globalização tem duas características que afetam a moda com grande intensidade: a divulgação praticamente instantânea da informação através de todo o mundo e a absorção demasiada das culturas dominantes. Fatos que reforçam o viés pasteurizado dos produtos de moda.

Considerando a extensão continental do Brasil, com sua riqueza e variedade de culturas e expressões, pode-se contemplá-lo como um campo repleto de inspirações. As manifestações culturais, os elementos naturais e as técnicas tradicionais (incontestáveis estímulos ao pensamento e à atividade criadora) podem ser percebidos e transformados através do olhar treinado do designer de moda e utilizados como aviamentos. Fitas do Senhor do Bonfim, sementes, conchas, palhas diversas, rendas, tricô, crochê, entre outros, são alternativas que permitem ampliar em muito as opções dentro do processo criativo. A viabilização e a utilização desses recursos não industrializados possibilitam uma linguagem e uma expressão únicas, características do país e diferenciadas da produção repetitiva e homogênea que segue as tendências estabelecidas.

Com soluções originais e visão ampla do processo criativo, o designer de moda atua como um propulsor de ideias, desviando-se da obviedade que o remeteria à linguagem folclórica ou alegórica. Cria-se, assim, o produto original, com características regionais que o fazem universal.

Conclusão

A partir do século XX, a moda tornou-se mais democrática, expandindo-se para além dos círculos restritos e elitistas, ainda que não tenha deixado de lado seu caráter estratificador, apenas se tornado mais acessível.

Com o fenômeno da globalização e da pasteurização das culturas, as manifestações artístico-culturais perderam suas impressões digitais, o que forçou suas produções a buscar novas formas de identificação e posicionamento no novo cenário.

Na cultura hedonista de massa, que anseia viver o presente e cultua o próprio prazer, a moda tem papel de destaque quando se torna um poderoso veículo de manifestação do ego. Projeta personagens, cria ilusões e anestesia insatisfações. Ao mesmo tempo, a euforia pelo novo e pelo consumo cria necessidades de diferenciação. A roupa, quase um uniforme, busca soluções de individualidade.

A criatividade, o design e o conhecimento técnico das matérias-primas reagem diante dessa monotonia. O produto industrial, impregnado de tecnologia, ressente-se da falta do trabalho manual, de certos virtuosismos de ofício. Afinal de contas, o artesanato traz o homem de volta às suas raízes, às suas tradições, ao seu chão.

Os aviamentos e acabamentos, utilizados de forma racional na produção, transformam o puramente industrial num quase-artesanal. O apelo criado é grande, e as respostas comerciais, imediatas.

A constante busca de atualização e capacitação é premissa fundamental na atividade do designer de moda, cujo objetivo é a evolução contínua e sistemática de propostas que atinjam diretamente os anseios e desejos do consumidor, ávido por produtos que traduzam sua personalidade ou que criem associações com conceitos específicos. Por sua vez, o mercado de varejo também busca produtos com características diferenciadas, que tragam novos apelos e se destaquem num universo repleto de produtos massificados. Com base na identificação e na correta apresentação desse produto ao consumidor, cria-se um cenário de oportunidade para a prática de preços superiores, que serão regularmente absorvidos pelo mercado.

Referências bibliográficas

DURAND, José Carlos. *Moda, luxo e companhia*. São Paulo: Babel Cultural, 1988.

HOLLANDER, Anne. *O sexo e as roupas: a evolução do traje moderno*. Rio de Janeiro: Rocco, 1996.

LIPOVETSKY, Gilles. *O império do efêmero: a moda e seu destino nas sociedades modernas*, 5.reimp. São Paulo: Companhia das Letras, 1989.

MAYER, Ralph. *Manual do artista de técnicas e materiais*. São Paulo: Martins Fontes Editora, 1996.

PALOMINO, Erika. *A moda*. São Paulo: Publifolha, 2002.

SKREBNESKI, Victor. *The art of haute couture*. Nova York: Abbeville Press, 1995.

SOUZA, Gilda de Mello e. *O espírito das roupas: a moda do século dezenove*. São Paulo: Companhia das Letras, 1987.

VINCENT-RICARD, Françoise. *As espirais da moda*. Rio de Janeiro: Paz e Terra, 1989.

WHITE, Palmer. *Elsa Schiaparelli: empress of Paris fashion*. Londres: Aurum Press Limited, 1995.

Erika Schmid
Pesquisadora e professora nas áreas de Marketing e Varejo de Moda.

Lançando moda

Estratégias para o sucesso de grifes e confecções

Quem decide iniciar um novo negócio no ramo de confecção ou revenda de roupas e acessórios muitas vezes passa pelo dilema terrível de tentar adivinhar o que fará sucesso ou não no mercado.

Todos os grandes empresários das grifes renomadas já se depararam com esse tipo de questionamento. O que vender, que segmento escolher, que público-alvo definir, onde estabelecer os pontos de venda para a comercialização da marca: todas essas dúvidas fazem parte dos fundamentos do chamado planejamento estratégico, um item essencial no plano de negócios de uma empresa, que tem por objetivo esclarecer quem decide lançar uma nova linha de coleção ou iniciar um negócio de roupas e acessórios.

No ramo da moda e das confecções, conhecemos vários exemplos de empresários que começaram com uma simples máquina de costura, uma sacola para revender e muita vontade de marcar presença no setor. Entre uma dificuldade financeira e outra, há casos de gente que abriu e fechou empresas em cada um dos pacotes econômicos lançados no país, sobretudo entre as décadas de 1980 e 1990.

Por isso, pensando sobre o que deu errado na vida das grifes que depois de cinco anos começaram a perder clientes, reconhecemos que, para estabelecer-se no mercado de moda, é preciso muito mais do que simplesmente talento para modelagem e desenvolvimento de coleções.

> **PARE PARA PENSAR:** A loja em que a sua tia caçula ou a sua irmã mais velha compravam suas roupas há mais ou menos 15 anos ainda existe?

Planejamento estratégico para uma empresa de moda

Quem resolve abrir um negócio de moda tem por objetivo proporcionar a felicidade de seu cliente fazendo-o se sentir belo. A beleza é relativa e, por isso mesmo, a felicidade do cliente que entra numa loja em busca de uma nova peça de roupa está ligada às adaptações ao seu gosto pessoal e ao impacto que a vestimenta causará nas pessoas/organizações com que se relaciona (seu marido/esposa, empresa em que trabalha, amigos etc.).

> À frente de um empreendimento industrial e comercial, o grande costureiro vê sua autonomia criadora limitada pelos costumes do tempo, pelo estilo em voga, pela natureza particular do produto realizado – o traje –, que deve agradar a estética das pessoas e não apenas satisfazer o puro projeto criador. ... Mesmo novo, o vestuário deve seduzir e valorizar a pessoa que o usa.[1]

Por isso, já que, em uma empresa, o cliente deve vir em primeiro lugar, é preciso sempre ter em mente a necessidade de conhecer seus gostos individuais para melhor atendê-lo. Um dos segredos para o sucesso de um negócio no segmento de roupas e acessórios é tentar descobrir que produtos podem ser oferecidos ao cliente e observar as lacunas deixadas pela concorrência, a fim de suprir demandas não atendidas.

---

[1] Lipovetsky (1989, p. 80).

Um bom exercício é tentar solucionar comentários como "seria tão bom se existisse *tal* produto, que resolveria todos os meus problemas...". Se repararmos, observaremos que muitas vezes ouvimos frases como essa, sem que sejam seguidas de respostas como "isso é impossível de ser feito", "ninguém nunca tentou fazer uma coisa dessas" etc. As grandes invenções da humanidade, no entanto, nasceram de questionamentos como esses.

O negócio do vestuário também pode lucrar muito com as boas ideias, que vão trazer diferenciais muito importantes para a sobrevivência do negócio frente à concorrência. O essencial é manter o foco nos desejos e necessidades do cliente. Mas como saber se você possui tino para ser um empresário do ramo da moda, mantendo o cliente como centro das atenções do negócio?

TESTE: VOCÊ SABE DAR PRESENTE?

Imagine que sua avó, de 80 anos, vai fazer aniversário. Como ela andava meio deprimida, você resolveu caprichar no presente, escolhendo uma lembrança que ela realmente usasse depois de receber. Você sabe que ela não tem saído muito de casa, só mesmo para rezar e ir à feira (embora não tenha mais saúde para carregar compras pesadas).

Qual das opções a seguir você compraria para a sua avó, com a certeza de que ela não deixaria o presente guardado no armário?
( ) Uma camisola
( ) Um livro religioso
( ) Uma sacola de feira
( ) Um colar ligado à religião da sua avó (medalhinha, crucifixo, estrela de davi, colar com a palavra "Jesus" gravada etc.)

Resposta: O risco de a camisola ficar guardada dentro do armário, esperando uma ocasião especial que nunca aparece, é muito grande. O livro religioso só é uma boa opção se a avó não estiver com vista cansada. Como ela não pode carregar peso na feira, a sacola não terá grande serventia. O colar é uma peça de uso pessoal que tem menos risco de ficar guardada no armário, já que tem caráter religioso.

E, afinal, o que vem a ser planejamento estratégico? Logo de início, podemos indagar o que vem a ser o planejamento propriamente dito. Em sua definição clássica, planejamento é a destinação de recursos avaliados para atingir determinados objetivos a curto, médio e longo prazos, num ambiente altamente competitivo e dinâmico. Para a implementação de tal planejamento, fazem-se necessárias a participação dos líderes e uma visão generalizada da empresa em relação aos ambientes em que atua.

O planejamento estratégico no ramo de roupas e acessórios deve começar pelo ponto nevrálgico da carreira de todo profissional ligado a estilo e moda que resolve comercializar suas criações: como enfrentar o desafio de criar roupas comerciais e deixar de seguir exclusivamente suas próprias preferências de estilo? É difícil para um estilista nessas circunstâncias passar a desenhar coleções que não necessariamente têm a ver com seu estilo de vida. Antes de ser um profissional puramente do estilo, contudo, é preciso saber dar presentes que agradem o gosto do cliente e do mercado.

O filósofo Hegel avalia a idéia de que gosto não se discute:

> É o gosto subjetivo, que se subtrai a todas as regras e discussões, o único guia na escolha dos objetos. E, com efeito, quando as opiniões correntes sobre o belo e o feio, sobre o que é ou não digno de ser imitado, quando, em suma, o gosto dos homens preside às escolhas dos objetos da representação, esta dispõe de todos os objetos na natureza...[2]

Descobrindo do que as pessoas precisam

O segredo do diferencial de uma empresa de moda frente à concorrência está em oferecer produtos e serviços que se destaquem da mesmice das outras lojas. Criar uma identidade para a grife, fazendo-a destacar-se dos concorrentes, é muito mais do que simplesmente colocar cores novas na vitrine.

> Tem gente que quer comprar determinado tipo de roupa e não consegue! Com o apoio da Fundação Selma, a estilista Maria de Fátima Grave iniciou um projeto para desenvolver modelos

---
[2] Hegel (1974, p. 127).

especiais para portadores de deficiências físicas. Passou a entrevistar e tirar fotos de pessoas com deficiência nas ruas e em instituições, para saber mais a respeito das dificuldades que enfrentam no dia a dia, desde a colocação de zíperes e velcros adaptados até costuras especiais para evitar escaras em cadeiras de rodas.[3]

Existem segmentos de nossa sociedade que não conseguem ser atendidos pelo comércio de roupas e acessórios. São pessoas acima do peso recomendável, com gordura localizada nos quadris ou na cintura, ou muito altas, com pés maiores do que a média, que convivem lado a lado com pessoas de baixa estatura, com pés menores do que o padrão e que também precisam de calçados com numeração especial.

Negócios voltados para esses segmentos que têm dificuldade em encontrar roupas adequadas a suas características pessoais contam com a vantagem de serem extremamente procurados por seu público-alvo, já que trabalham focados em nichos de mercado formados por pessoas que buscam adquirir o produto. Basta divulgar o conceito do negócio ao público-alvo e aguardar a chegada dos clientes. Portanto, se a concorrência não for grande, há boas chances de se obter sucesso em um negócio como esse.

Ter o que ninguém tem e oferecer muito mais do que a concorrência é fundamental para o sucesso de empresas de moda. É preciso, contudo, comunicar essa oferta ao consumidor potencial, de preferência antes que ele caminhe pela calçada ou pelo corredor do shopping em frente à vitrine. Por outro lado, a divulgação de empresas de moda voltadas para nichos de mercado é mais econômica (com exceção daquelas do segmento luxo), já que o público trabalhado é mais segmentado.

EXEMPLO: MODA GESTANTE — TRABALHANDO A DIVULGAÇÃO DA GRIFE

Onde estão as grávidas que são clientes potenciais da empresa?
- Consultórios de obstetras
- Clínicas de ultrassonografia
- Laboratórios de análises clínicas
- Cursos de grávidas (consciência corporal, conversas com o bebê etc.)

---

3 Informativo Aprendiz. In: www2.uol.com.br/aprendiz/guiadeempregos/eficientes/noticias/ge160104.htm. Acesso em 17.3.2005.

- Aulas de ioga para gestantes
ESTRATÉGIA DE DIVULGAÇÃO E PROMOÇÃO DE VENDAS

Desfile da nova coleção no intervalo das sessões do curso de grávidas.
Público envolvido: grávidas, maridos/companheiros e terapeutas.
Cadastro de clientes em potencial – oferta de brindes e descontos especiais em compras.

Mantendo o foco do negócio

Ao abrir uma empresa, o empresário de moda precisa ter em mente que o cliente será o verdadeiro "dono" do negócio.

Manter o foco no cliente significa não arriscar em mudanças que possam desagradar o público-alvo e fazê-lo afastar-se dos produtos e serviços oferecidos. Embora possa ser necessário adaptar a grife às mudanças do ambiente de negócios, investindo em novas estratégias e até mesmo em novos públicos, é preciso sempre assegurar-se de que elas não provocarão o descontentamento do público-alvo da grife. Mudanças abruptas levam a grife a perder a identificação com seu cliente, sem chegar a atingir novos públicos de imediato. Em outros termos, a empresa começa a descartar os clientes que tem antes de conquistar novos.

VAI MUDAR A CARA DA SUA EMPRESA? CUIDADO!

O diretor comercial de uma grife (voltada para mulheres tradicionais na faixa dos cinquenta anos) acha que a imagem da loja "está desgastada". Um arquiteto famoso é chamado e resolve fazer um projeto "conceitual" para realizar a reforma da loja. As obras começam, o ponto fica fechado com tapumes por alguns meses e, na reinauguração, o público pode ver a transformação do lugar em uma novíssima loja, com um conceito que não tem nada a ver com o anterior: um visual *clean*, contemporâneo, que inspire a mulher moderna. Por isso mesmo, as roupas nas araras adéquam-se "à mulher moderna" e peças diferentes foram incluídas na coleção.

As clientes antigas receberam o convite para o coquetel de reinauguração. Ao chegarem ao local, o estranhamento é logo percebido pela nova equipe de vendedoras, selecionada segundo o novo conceito da loja.

Aquelas mulheres tradicionais, na faixa dos cinquenta anos, olhavam o interior da loja e não se identificavam mais com a grife. Por outro lado, as que ainda não eram clientes, e haviam recebido o convite, pensaram duas vezes antes de decidir marcar presença no evento, pois achavam que se tratava de uma grife "para senhoras".

O segredo

Descobrir quem é o cliente da minha empresa; e
investigar como esse cliente compra moda.

Antigamente, os empresários que vendiam moda em suas lojas podiam entender os consumidores por meio de suas experiências diárias de vendas. O crescimento das empresas e dos mercados, contudo, tem retirado muitos administradores de varejo do contato diário com os consumidores. Depois que a empresa cresce, o diretor da grife passa a trabalhar no escritório e, caso seja uma pessoa ligada ao estilo, continuará com seus contatos com fornecedores de moda. No entanto, a inconstância das visitas à(s) loja(s) resultará em muito pouco contato com os clientes.

Mesmo longe do ponto de venda, entretanto, o empresário da grife precisa ter em mente a necessidade de manter-se sempre conectado ao perfil do consumidor escolhido para ser o cliente de seu negócio. É necessário buscar rotineiramente as respostas a sete perguntas sobre o consumidor:

Quem constitui o mercado?
Quais são os clientes da empresa? Quais são as características desse grupo de clientes? São mulheres? São homens? Qual a faixa etária? São solteiros ou casados? Têm filhos?

O que o mercado compra?
Como o cliente enxerga o produto que é vendido por sua empresa?

Por que o mercado compra?
Qual o objetivo do cliente ao escolher as roupas e os acessórios vendidos por sua empresa? Onde ele usa essas peças? Em casa, no trabalho, em ocasiões especiais? Quem ele quer agradar ao consumir seus produtos?

> **PARE PARA PENSAR:** Qual é o objetivo velado de um homem de meia-idade, que acabou de se separar da mulher e agora tem que morar num pequeno apart-hotel, ao comprar um carro esporte conversível importado? Ele na verdade pode estar comprando a aceitação de novas mulheres, em geral, mais jovens que ele.

Quando o mercado compra?

Há grifes que têm como característica as visitas frequentes dos clientes às lojas, em busca de novidades. Por outro lado, em outros tipos de negócios no ramo de vestuário, a presença do cliente na loja ocorre somente em ocasiões especiais. Um exemplo são as lojas de ternos cujos compradores são homens de negócios que praticamente fazem um enxoval de roupas de trabalho. Essas compras raramente estão relacionadas a um impulso.

Onde o mercado compra?

É fundamental saber se o cliente está no litoral, no interior, numa região serrana, num lugar onde faz muito frio ou calor. Alguns bairros e zonas de cidades brasileiras transformam-se em verdadeiras minicidades. É preciso ter isso em mente ao escolher um ponto de venda para a grife.

> Quando o estilista tem de determinar o estilo que quer adotar para sua coleção, um dos pontos mais importantes é definir o mercado que ele pretende atingir. Ou seja, é importante que o estilista especifique claramente o público-alvo que vai representar o estilo da sua coleção.[4]

Como o mercado compra?

Comprar moda está intimamente ligado ao verbo "experimentar". Provadores com cortinas e iluminação adequada, espelhos que não deformem a figura humana e conforto na hora de provar a roupa é o mínimo que um cliente exigente espera de sua experiência de compra. Além disso, os aspectos operacionais do negócio também devem estar relacionados aos desejos de comodidade desse cliente, incluindo todos os serviços oferecidos pela grife.

---

4 Feghali & Dwyer (2001, p. 83).

Na verdade, o modo como o cliente consome moda é orientado pelas seguintes etapas do processo de compra:

- Reconhecimento do problema (necessidade ou desejo)
- Busca de informações sobre produtos ou serviços e grifes
- Avaliação do serviço prestado ou do bem a ser consumido
- Decisão de compra
- Pós-compra

Quem participa da compra?

As pessoas consomem moda para sentirem-se belas. Esse desejo está intimamente ligado a uma necessidade de aceitação, que pode dirigir-se à/ao namorado(a), ao chefe, aos convidados de uma festa etc. Por isso, sempre que alguém entra numa loja para comprar uma roupa ou um acessório, outra pessoa importante está relacionada a essa compra, não necessariamente usuária do produto.

Papéis representados em uma compra de moda

Para muitos produtos, é fácil identificar o comprador. Normalmente, os homens escolhem seus aparelhos de barbear e as mulheres escolhem suas meias-calças. Há situações, entretanto, em que as empresas devem ser cuidadosas ao tomar decisões sobre mercado-alvo, porque os papéis de compra são mutantes.

Meias e cuecas são territórios da moda masculina visivelmente ocupados por compradoras mulheres. Podemos distinguir cinco papéis que as pessoas podem assumir em uma decisão de compra:

Iniciador: a primeira pessoa que sugere a ideia de comprar o produto.

Quando a mãe de família tira a roupa lavada da máquina e percebe que as meias e cuecas dos filhos estão imprestáveis, normalmente reclama com todos os familiares, dizendo que ela é a única da casa a cuidar para que os filhos vistam peças íntimas decentes. Nesse caso, a mãe é a iniciadora do processo de compra das cuecas e meias de seus filhos (e, às vezes, até as do próprio marido). Em muitos casos, é a própria mulher quem vai à loja comprar essas peças que ela mesma não vai usar.

Às vezes, compramos roupas sem estarmos com vontade de realizar a compra!

Confira alguns exemplos de quando isso acontece:
- O(a) filho(a) cresceu e o uniforme escolar não cabe mais nele(a).
- O colégio resolveu trocar de uniforme, justo na hora em que o filho caçula ia herdar a roupa do irmão mais velho.
- O namorado passou na seleção para a vaga de escriturário no banco e precisa comprar seu enxoval de ternos para começar a trabalhar.

Influenciador: pessoa cujos pontos de vista ou sugestões influenciam a decisão de compra.

Duas amigas numa loja de roupas têm comportamentos de compra diferentes dos que teriam se estivessem sozinhas. Uma influencia a outra e opina nas escolhas da amiga. Em compras feitas por adolescentes, especialmente no caso de meninas, essa influência é muito maior. Um grupo de amigas chega a ir junto para o provador, até com máquinas digitais para fotografar a produção e exibir o look em seu *blog*, na internet.

A influência de familiares no processo de compra de roupas e acessórios também é grande. Quando um casal resolve entrar em uma loja, e um deles simplesmente acompanha a compra que o outro quer fazer, existem vários conflitos perceptíveis: quando a mulher passeia pelo shopping, ela normalmente "arrasta" o homem ao seu lado por uma "peregrinação" nada agradável para ele. Nesse caso, a equipe de vendas deve ocupar-se também em diminuir o grau de irritabilidade do marido ou namorado. Estratégias como uma boa poltrona dentro da loja, para que o homem possa descansar, tomando um cafezinho servido pelas atendentes, podem ajudar na venda. Por outro lado, se houver ciúmes em relação a decotes e comprimentos das saias, há pouca coisa que os vendedores possam fazer para amenizar o problema.

Em lojas de moda masculina, a influência das esposas e namoradas também pode ser sentida pela equipe de vendas. Quando a mulher considera que o seu namorado/marido anda malvestido, o conflito inicia-se depois de o homem escolher uma peça de roupa que para ela não é aceitável. A mulher, então, passa a sugerir roupas alternativas que considera bonitas. Se o homem não concordar, o conflito passa a prejudicar as vendas.

Crianças também podem influenciar em processos de compra de moda infantil. Na verdade, especialmente no que se refere ao público feminino mirim pré-adolescente, os pais praticamente só pagam pelas roupas que suas filhas escolheram para usar.

> No caso de uma loja feminina, na fase de demonstração do produto, é preciso envolver o homem, nunca pedindo sua opinião, mas "vendendo para ele a ideia de que aquele produto valorizará ainda mais a sua mulher". Com isso, a resistência à compra será quebrada, deixando a mulher à vontade para o consumo e deixando o homem feliz em vê-la ainda mais linda.
>
> *Tatiana Miranda – Gerente comercial da Linea HC*
> *Rio de Janeiro*

Decisor: quem decide sobre algum componente de uma decisão de compra: se deve comprar, o quê, como e onde.

Normalmente, quem paga pela roupa, decide. Só que, no caso de crianças muito mimadas, a simples influência transforma-se numa tirania decisória. As mudanças no perfil das famílias brasileiras e o fato de os filhos passarem cada vez menos tempo com suas mães fazem com que a educação das crianças dessa geração seja extremamente diferente da que as crianças das décadas de 1970 e 1980 recebiam. As mães trabalham e precisam recorrer a creches e à ajuda das avós e, com isso, a independência da criança, estimulada também pelos métodos educacionais das creches, faz com que o poder decisório infantil seja muito maior do que há alguns anos.

Às vezes uma instituição é o decisor do processo de compra de uma roupa ou acessório. Empresas com códigos de vestimentas proíbem certos tipos de sandálias para suas funcionárias durante o expediente. Nos chamados *casual days* (dias em que as regras de vestimenta são menos rígidas, normalmente às sextas-feiras) algumas empresas podem liberar trajes não permitidos nos outros dias.

Comprador: quem faz a compra.

A compra pode ser feita para uso próprio, uso da família, presente ou até mesmo de uma corporação (uniformes para uma empresa etc.).

Usuário: quem consome ou usa o produto ou serviço.

Nem sempre quem usa o produto é a mesma pessoa que o comprou. No caso de crianças, são os pais (normalmente a mãe) que efetuam a compra. O mesmo ocorre com as roupas que são dadas como presente. As roupas masculinas são padronizadas de tal maneira que mães e esposas não têm tanta dificuldade em acertar os tamanhos das peças. Os homens que buscam presentear mulheres com roupas, entretanto, têm muito mais dificuldade em acertar tamanhos, gostos pessoais etc. Algumas grifes utilizam o recurso do cheque-presente. Essa é uma estratégia que funciona bem em lojas de CDs, livrarias etc. Quem quer presentear vai à loja e pega um vale-compras, pagando a quantia referente a um gasto com presente. O cheque-presente (vale) é oferecido ao presenteado, que irá à loja trocá-lo por mercadorias.

As diferenças na tomada de decisão de compras de moda

O processo de decisão do consumidor varia conforme o tipo de compra. Há grandes diferenças entre comprar um par de meias, uma camiseta, um terno sob medida ou um vestido de noiva. No caso das compras complexas e caras, há uma probabilidade maior de a deliberação do comprador envolver um maior número de participantes.

Essas diferenças estão também relacionadas ao grau de envolvimento do comprador e às diferenças entre as marcas (opções de compra). Os consumidores enfrentam complexidade no processo de compra quando estão altamente envolvidos e conscientes das diferenças significativas entre as marcas do produto. Em geral, a complexidade ocorre quando o produto é caro, não é comprado com frequência, embute risco e tem significado altamente expressivo. Pode ser que o consumidor não conheça muito da categoria do produto e tenha muito o que aprender sobre ele.

Exemplo 1 – Compra com complexidade

Mulher comprando um biquíni para ser usado num resort *cinco estrelas, numa reunião com os amigos empresários de seu namorado.*

Numa compra complexa, o consumidor segue algumas etapas: primeiro desenvolve crenças sobre o produto; depois, atitudes; e, por fim, toma uma decisão de compra cuidadosa. No caso do biquíni, a mulher perguntará, por exemplo: será que o biquíni branco vai ficar transparente quando molhado? Depois, decidirá comprar uma saída de praia glamourosa e, por fim, efetuará a compra do biquíni.

Para facilitar a relação entre cliente e equipe de vendas, a grife precisa desenvolver estratégias que acompanhem o comprador na aprendizagem sobre os atributos da classe de produto, sua importância relativa e a alta reputação de sua marca em relação aos atributos mais importantes, ressaltando as características da marca.

HÁ MULHERES QUE COMPRAM TUDO COM COMPLEXIDADE!
São exigentes, precisam de atenção, demoram a decidir pelo produto, fazem muita pesquisa antes de escolher o item desejado, seja um par de meias brancas para o marido ou o vestido para ser usado na festa da amiga. O comércio apelida-as de "cliente caroço".

Exemplo 2 – Compra com complexidade (dissonância)[5] reduzida
Mulher comprando o maiô para ser usado na aula de hidroginástica.

Nesse caso, a consumidora está altamente envolvida em uma compra, mas as diferenças percebidas entre as marcas são pequenas. O alto envolvimento está baseado no fato de que a compra é cara, infrequente e arriscada, pois o maiô não pode ser muito cavado e precisa ser resistente ao cloro da piscina. A compradora percorrerá várias lojas para saber o que está disponível, mas comprará rapidamente, porque as diferenças entre as marcas não são pronunciadas – sobretudo se a academia adotar um uniforme para as alunas usarem na piscina. Já no caso de trajes de banho para competições de natação, a tecnologia faz diferença, e as diferenças entre as marcas passam a ser extremamente relevantes.

Exemplo 3 – Compra mais habitual
Mulher comprando biquíni numa loja de departamentos para tomar sol no jardim de casa.

A cultura do "sol na laje" é extremamente presente nas periferias das grandes cidades. Um pouco antes de o verão começar, muitas mulheres querem ir "pegando uma cor", para não chegar à praia ou ao clube com a pele desbotada do inverno. Essa é uma compra com condições de baixo envolvimento do cliente e ausência de diferenças significativas entre as marcas disponíveis. O consumidor vai a um ponto de venda buscar o produto. Se não o encontrar, comprará a marca/cor similar sem

---

5 Kotler (1998, p. 178).

problemas. Isso acontece frequentemente com produtos de preço baixo. No caso do biquíni para tomar sol no jardim de casa, a única exigência é que a peça seja pequena o suficiente para que deixe uma marca discreta, depois do bronzeamento.

>Exemplo 4 – Compra por impulso
>*Mulher comprando biquíni na irresistível liquidação.*

O verão já está quase acabando. As frentes frias vão começar a chegar, tornando o clima nublado e chuvoso. Coincidentemente, os shoppings começam a promover sua liquidação de fim de verão, a fim de queimar os estoques. Atraída por descontos incríveis, a consumidora acaba por decidir-se a levar um biquíni, mesmo que o clima não lhe dê muitas oportunidades de usá-lo durante o restante do ano. A justificativa é o preço incrivelmente baixo oferecido pela grife.

Fatores das diferentes decisões de compra em moda

A psicologia, a antropologia e a sociologia caminham com o marketing na tentativa de analisar os porquês dos diferentes tipos de comportamento nas decisões de compra em moda. Confira os fatores que influenciam essa decisão:

- Culturais/Religiosos – A cultura é um dos determinantes mais fundamentais dos desejos e do comportamento de uma pessoa. A religião também está incluída aí.
- Socioeconômicos – As classes sociais não refletem apenas renda, mas também outros indicadores, como ocupação, nível educacional e área residencial.
- Ambientais – O meio ambiente interfere no comportamento do consumidor de moda.
- Étnicos/Sexuais – Grupos como afro-brasileiros, mulheres jovens, meia-idade etc.

Decisões estratégicas: trabalhando segmentos

Manter o foco no cliente significa respeitar as diferenças entre os diversos segmentos em que os clientes podem ser agrupados. Trabalhar o foco em um desses segmentos implica a criação de uma identidade entre a grife e o cliente, que passa a ser o público-alvo da empresa.

Tipos de segmentação que podem ser trabalhados

Segmentação demográfica
Os critérios para definir um público-alvo numa segmentação com base demográfica são idade, sexo, tamanho da família, ocupação (profissão) etc.
Exemplos:

- Moda feminina – Teen/jovem/senhora – Classes A, B, C etc.
- Moda masculina – Teen/jovem/executivo – Classes A, B, C etc.
- Unissex – Masculino/feminino – Classes A, B, C etc.
- Moda infantil – Classes A, B, C etc.
- Bebê/gestante – Classes A, B, C etc.
- Calçados, bolsas e acessórios – Masculino/feminino/infantil - Classes A, B, C etc.
- Bijuterias e acessórios – Classes A, B, C etc.

Segmentação geográfica
Os critérios para uma segmentação baseada na geografia do local são clima, região, densidade populacional etc.
Exemplos:

- Regiões brasileiras de clima frio (serra etc.) – Coleção de inverno mais aprofundada (em oposição ao calor do Nordeste do Brasil).
- Interior x litoral – Biquínis para praia x biquínis para piscina.
- Tendências de moda urbana x rural.

Segmentação comportamental
Qual o benefício esperado por um executivo ao comprar uma calça de microfibra que não amassa dentro da mala de viagem? Por que um tenista prefere vestir camisas dry-fit enquanto joga? Qual é a vantagem em usar tênis com amortecimento para correr no calçadão? Por que as meninas que surfam pegam onda vestindo shorts ou bermudas? Por que algumas meninas gostam de vestir calças da Gang? Por que as mulheres não gostam

de ter que fazer bainha no jeans? O comportamento do cliente traz a resposta para todas essas questões.
Exemplos:

- Lojas de tênis (calçados) e artigos esportivos – Masculino/feminino.
- Jeanswear – Classes A, B, C etc.
- Alfaiataria masculina.

Segmentação psicográfica
Nem todos os rapazes que são clientes de lojas de surfwear pegam onda. Nessa segmentação, o que vale é o efeito psicológico da roupa em relação ao estilo de vida da pessoa.
Exemplos:

- Visual clubber ou despojado x patricinha/mauricinho.
- Surfwear/esportes radicais – Masculino/feminino – Classes A, B, C etc.
- Moda praia – Classes A, B, C etc.
- Moda fitness – Classes A, B, C etc.
- Óculos de sol – Proteção na praia x estilo clubber.
- Lingerie/sleepwear – Teen/jovem/executivo – Classes A, B, C etc. (sleepwear para dormir x sleepwear para namorar).

Análise de pontos fortes, pontos fracos e concorrência

Se você é ou deseja ser um empresário do ramo de moda, pode começar a analisar sua empresa fazendo um comparativo entre os concorrentes de seu negócio e o poder que seus clientes e fornecedores têm sobre o produto que você vende.

Uma indústria de confecção de moda íntima (sutiãs) que vende somente no atacado terá como clientes os varejistas que comercializam modelos femininos de underwear em seus pontos de venda (lojas de departamentos, lojas especializadas e até mesmo supermercados). Seus fornecedores da cadeia têxtil serão os fabricantes de Lycra®, aviamentos etc. Normalmente, a concorrência será acirrada por outras empresas que trouxerem novidades para as consumidoras de sutiãs, em geral envolvendo inovações tecnológicas e/ou estéticas (ligadas ao processo de imitação de moda).[6] O

---

6 Schmid (2004, p. 9).

empresário também precisa ter em mente que seu produto (o sutiã) pode precisar ser substituído (ou modificado) em virtude de influências culturais e socioeconômicas. Por exemplo, a popularização do implante de silicone nos seios é um fator de alteração do comportamento de compra de sutiãs em nosso país, sobretudo no que diz respeito ao tamanho do bojo das peças.

É preciso descobrir se o poder dos fornecedores de sua empresa é forte ou fraco e quais as vantagens e desvantagens que isso vai trazer ao negócio. Da mesma forma, conhecer o poder da clientela também é muito importante. Clientes que buscam um produto exclusivo de sua empresa têm um poder mais fraco do que os que têm muitas opções entre similares vendidos pela concorrência. Essa análise comparativa é o que realmente dará um diferencial para o posicionamento de mercado do empresário de moda.

> Eu era uma raridade entre os garotões da época, porque em vez de carros, comprava máquinas para a confecção!
>
> Beto Neves, da Complexo B[7]

Modelo das cinco forças

EX.: INDÚSTRIA DE CONFECÇÃO DE SUTIÃS

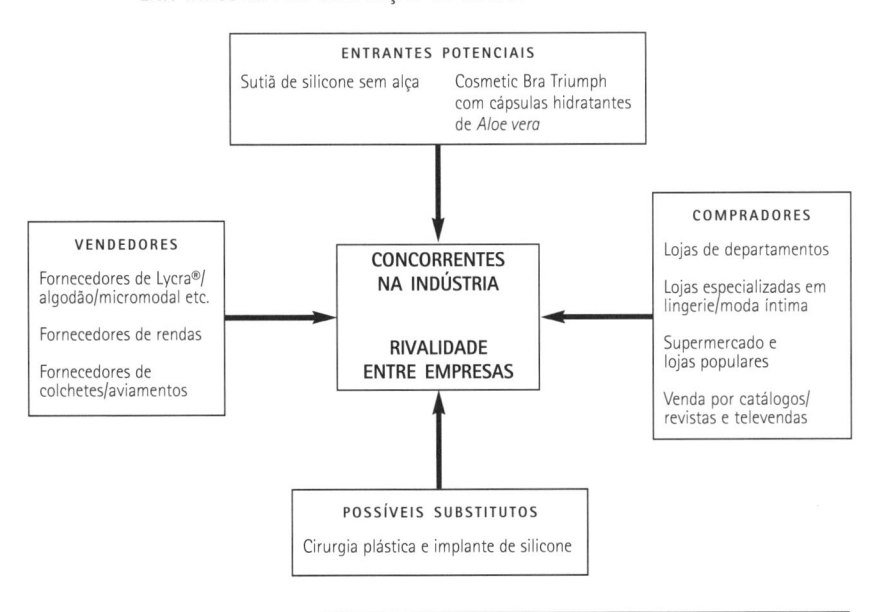

ENTRANTES POTENCIAIS
Sutiã de silicone sem alça   Cosmetic Bra Triumph com cápsulas hidratantes de *Aloe vera*

VENDEDORES
Fornecedores de Lycra®/algodão/micromodal etc.
Fornecedores de rendas
Fornecedores de colchetes/aviamentos

CONCORRENTES NA INDÚSTRIA

RIVALIDADE ENTRE EMPRESAS

COMPRADORES
Lojas de departamentos
Lojas especializadas em lingerie/moda íntima
Supermercado e lojas populares
Venda por catálogos/revistas e televendas

POSSÍVEIS SUBSTITUTOS
Cirurgia plástica e implante de silicone

---

7 Rodrigues & Acioli (2001).

Conclusão

Formular estratégias para o sucesso de uma empresa de moda implica uma visão orientada ao cliente por parte do estilista ou diretor da grife. Isso não quer dizer simplesmente que o cliente tem sempre razão, mas que os produtos e serviços que lhe são oferecidos estão de acordo com o estilo de vida, o comportamento de compra e os papéis de compra representados por esse consumidor.

Trabalhar planejamento estratégico para negócios de moda significa pensar com antecedência, de preferência antes de a peça ser exibida na arara ou no provador. Esse planejamento vai possibilitar ao empresário a adoção de estratégias que aproximem o público-alvo de sua marca, trazendo fidelidade e relacionamento com seu cliente. O segredo do sucesso está em aliar a visão empresarial ao talento em estilo e aplicação de tendências nos produtos de uma grife.

Referências bibliográficas

FEGHALI, Marta K.; DWYER, Daniela. *As engrenagens da moda*. Rio de Janeiro: Editora Senac Rio, 2001.

HEGEL, Georg Wilhelm Friedrich. *Estética – A idéia e o ideal*. São Paulo: Editora Abril, 1974.

Informativo aprendiz. In: www2.uol.com.br/aprendiz/guiadeempregos/eficientes/noticias/ge160104.htm. Acesso em 17.3.2005.

KOTLER, Philip. *Administração de marketing*. São Paulo: Atlas, 1998.

LIPOVETSKY, Gilles. *O império do efêmero*. 6.reimp. São Paulo: Companhia das Letras, 1989.

RODRIGUES, Iesa; ACIOLI, Paula. *30 estilistas – à moda do Rio*. Rio de Janeiro: Editora Senac Rio, 2001.

SCHMID, Erika Ferreira. *Marketing de varejo de moda*. Rio de Janeiro: Qualitymark Editora, 2004.

Fátima Bota

Pesquisadora em Excelência do Atendimento,
consultora em Gestão Administrativo-Financeira e Negócios da Moda.
Pós-graduada em Varejo e Serviço e mestranda
em Gestão Empresarial.

Uau! Que atendimento!

A importância do atendimento em lojas de moda

> "Faça menos do que o cliente espera e o atendimento será considerado ruim.
> Faça exatamente o que o cliente espera e o atendimento será considerado satisfatório.
> Mas faça mais do que o cliente espera e o atendimento será considerado superior."
> *John Tschohl*

Introdução

A administração para um excelente desempenho e a vantagem competitiva constituem o tema central das organizações de hoje. A palavra de ordem é qualidade. O alcance de objetivos de qualidade em todos os níveis da organização e os aspectos operacionais são considerados critérios universais do desempenho organizacional.

As demandas competitivas de uma economia globalizada constituem uma importante força na corrida para a chamada qualidade total.

Colocar as pessoas e a qualidade do pessoal em primeiro lugar representa uma revolução no campo do desenvolvimento da qualidade.

> **DICAS IMPORTANTES:** Pequenas coisas, pequenos gestos e pequenos detalhes podem se tornar o grande diferencial para muitas empresas, nessa época de globalização. Cuidados com a profissionalização de seus funcionários e prestação de serviço com qualidade são o ponto de partida para se chegar à ética, tão necessária em muitas empresas.

Este estudo trata do "encantamento no atendimento" e, portanto, aborda os conceitos de qualidade por meio de alguns casos ilustrativos da excelência em atendimento. Trata também da qualidade dos funcionários treinados para o atendimento, destacando a definição de atuações e a importância desse serviço.

O objetivo é mostrar quanto as empresas devem preocupar-se com a questão do atendimento, já que o mercado é extremamente competitivo.

Na atividade bancária, no comércio e em todos os demais segmentos da economia, os prestadores de serviço devem analisar as próprias filosofias, avaliando constantemente o atendimento aos seus clientes atuais e futuros. Essa avaliação contínua mostra o que pode ser melhorado e o que deve ser modificado.

> **ENCANTAMENTO DO CLIENTE EM PRIMEIRO LUGAR**
> Foi o que aconteceu com uma funcionária das Lojas Renner, em Santa Catarina, no Dia dos Namorados. No caminho de volta para casa, presenciou o atropelamento de uma jovem que carregava sacolas das Lojas Renner. Dentro da sacola estava o presente que ela havia comprado para seu namorado. Desesperada, a vendedora chamou a ambulância e acompanhou-a até o hospital, prestando toda assistência e demonstrando o carinho necessário naquele momento. Felizmente, nada de grave aconteceu com a cliente. Dias mais tarde, a funcionária recebeu a visita da cliente, que a presenteou com flores.
> Isso é compromisso!
> Isso é um atendimento especial!
> Segundo entrevista com o presidente das Lojas Renner, Jose Galló, publicada na edição de novembro de 2000 da revista Você S.A., até aquela data, noventa mil casos de encantamento foram catalogados pelos funcionários.

Mudanças no atendimento

Com o avanço da tecnologia, muitos funcionários foram substituídos por máquinas, até no atendimento aos clientes. Muitas empresas acrescentaram aos seus serviços o Serviço de Atendimento ao Consumidor (SAC), a fim de auxiliar em várias situações e receber tanto reclamações como elogios.

A realidade demonstra que nem todos os clientes ficam satisfeitos com o atendimento eletrônico. A reclamação campeã demora no atendimento, principalmente quando o atendimento é telefônico, porque as linhas quase sempre estão congestionadas.

A seguir, uma situação de atendimento que ocorre com frequência:

- Alô!
- De onde fala?
- Banco ABC.
- Boa tarde. Gostaria de uma informação a respeito...
- Um momento, por favor (música de espera – quase três minutos).
- Pois não!
- Gostaria de uma informação sobre a tarifa no valor de R$ 32,00 debitada em minha conta.
- Um momento, vou passar para o setor (música de espera por mais três minutos).
- Alô!
- Por favor (a ligação foi transferida), eu preciso saber sobre a tarifa cobrada...
- Um momento, por favor (espera de mais três minutos).
- Senhora, em que posso ajudá-la?
- Por favor, é a terceira pessoa que me atende e não responde à pergunta que eu faço. Que tarifa é essa no valor de R$ 32,00 debitada em minha conta?
- Aguarde um momento, o ramal do setor responsável está ocupado. Poderia aguardar um pouco?

A pessoa desiste, e desliga o telefone.

Situações como essa acontecem no dia a dia de uma instituição financeira, que tem na prestação de serviço seu objetivo primário.

Muito se discursa sobre o atendimento telefônico eficiente que encanta o cliente ou o futuro cliente. Os bancos apresentam grande evolução no atendimento eletrônico; por exemplo, várias operações são realizadas em caixas automáticos, mas uma grande parcela dos clientes é composta por pessoas idosas ou com poucos conhecimentos de informática, o que dificulta o autoatendimento. A consequência direta desse fato é a necessidade de investimento em treinamentos para melhoria da qualidade do atendimento. Para contornar essa situação os funcionários devem ser instruídos a auxiliar no uso das máquinas. Nem sempre os funcionários treinados, contudo, têm a devida paciência com esse tipo de cliente.

Verifica-se que, apesar de toda a revolução tecnológica, as pessoas sempre estarão presentes no processo de atendimento ao cliente. As máquinas precisam de pessoas para operá-las. Ainda que necessitem de um único operador, as máquinas não funcionam sozinhas.

Em termos empresariais, podemos aprender muito com os bancos, a começar pelo sistema de gestão, que disponibiliza as informações gerenciais da contabilidade na mesa da diretoria logo pela manhã, possibilitando uma análise segura dos resultados. As questões operacionais são decididas diariamente em tempo real, porque os bancos são as empresas que mais utilizam a tecnologia da informação para aumentar a eficiência do seu negócio, ou seja, a rentabilidade das operações. São paradigmas de venda de produtos intangíveis, mas não são os melhores modelos de varejo no que se refere à qualidade do serviço e do atendimento aos clientes. Nesse quesito, perdem para as lojas em geral.

A introdução de um programa de desenvolvimento da qualidade em uma empresa ou em uma organização é um projeto conjunto dos responsáveis pelas decisões na empresa e dos especialistas em qualidade.

Uma das características mais observadas em uma empresa é a qualidade do atendimento a clientes e/ou pessoas em geral. No setor de serviços, pode-se afirmar que a qualidade do atendimento é tão importante quanto as qualidades dos produtos (tangíveis e intangíveis), porque ambas atraem e retêm clientes.

O PORQUÊ DO TREINAMENTO

O treinamento é uma ferramenta que qualifica e desenvolve as competências, agregando valores aos profissionais e à empresa.

A visão empresarial moderna acredita que o investimento no capital humano é o de maior retorno, haja vista a amplitude das possibilidades de crescimento do indivíduo e do melhor aproveitamento desse potencial na empresa.

Com profissionais qualificados, a imagem da empresa fica fortalecida para os consumidores e os resultados podem ser otimizados. O aumento da produtividade facilita e proporciona maior satisfação para os colaboradores, tornando-os proativos para alcançar os objetivos da empresa.

A excelência no relacionamento com clientes e parceiros torna-se uma constante, e a fidelização ocorre por meio de negociações mais eficazes, com melhoria dos resultados.

Conceitos de qualidade

O século XXI vem sendo considerado o "século da qualidade". Desde a década de 1950, o conceito de qualidade tem sofrido alterações de acordo com a situação, época ou até mesmo pessoas, chegando a ser ambíguo, pois a palavra é usada em muitos sentidos diferentes.

Os padrões de qualidade variam de pessoa para pessoa. Pessoas com experiência, educação, idade e formação diferentes julgam de forma diversa um produto com a mesma qualidade, no mesmo país ou na mesma cultura.

A qualidade de um produto ou serviço também pode ser percebida de formas diversas pela mesma pessoa em épocas diferentes. Dependendo da situação em que se apresente, do humor do consumidor naquele momento e de suas atividades, o mesmo produto ou serviço pode satisfazer necessidades bastante diversas. Assim, as pessoas irão julgar a qualidade de um produto ou serviço de acordo com as suas necessidades em uma dada circunstância.

A Time Manager International (TMI), uma das maiores consultorias em treinamento do mundo, ampliando a concepção de qualidade, acrescenta a ela uma nova dimensão, a da qualidade humana. Segundo a TMI, produtos e serviços devem ter tanto qualidade técnica – satisfazendo exigências e expectativas concretas, como prazo, durabilidade, e segurança –, como qualidade humana, para satisfazer expectativas e desejos emocionais, como atitudes, atenção, credibilidade e comportamento. Qualidade técnica e humana são complementares.

Assim, as pessoas que fabricam produtos e prestam serviços devem ser tão boas quanto aquilo que suas empresas oferecem ao mercado, o que depende dos esforços de cada indivíduo e de cada grupo.[1]

Qualidade no atendimento

Como já foi mencionado, a qualidade do pessoal é de grande importância por ser a base de todas as outras qualidades. Por isso, a empresa deve prover o treinamento e as ferramentas necessárias para que o funcionário de atendimento possa desempenhar melhor suas atividades, prestando um bom serviço. Dados estatísticos demonstram que o mais relevante fator de motivação para um funcionário em serviços é a sua habilidade de gerar satisfação para seu cliente.[2]

Os esforços e as atuações individuais determinam a percepção que o cliente tem do serviço, o que se converte em quase um sinônimo de qualidade do pessoal. O melhor ponto de partida para o desenvolvimento da qualidade de uma empresa ou organização é a atuação e a atitude dos indivíduos em relação à meta proposta.

A tarefa mais importante da gestão empresarial é motivar as pessoas; esse é o recurso mais valioso de uma organização para extrair de seus funcionários o melhor que têm a dar. Os funcionários devem estar conscientes de que, se realizarem um bom trabalho, a empresa não será a única beneficiada. Para que uma organização mobilize energia e eleve a criatividade e a iniciativa de seus funcionários, é necessário que se crie uma cultura comum receptiva a mudanças. A mudança é uma parte vital da evolução de uma organização, pois permite que as empresas cresçam e prosperem. Se, ao contrário, permanecem estáticas, é muito provável que não sobrevivam no mercado.[3]

> "O que me diz dos efeitos multiplicadores dos clientes felizes, seja com fabricação, seja com serviço?
> O que me diz dos efeitos multiplicadores dos clientes infelizes?"[4]

---

1 Correa (2000).
2 Schultz (2000).
3 Deming (1990).
4 Idem.

Muitas empresas executam mudanças drásticas mediante um programa de treinamento ou capacitação. Embora esses programas possam ser bons, não devem simplesmente fornecer métodos e ferramentas para a implantação da mudança, mas também inspirar as pessoas a desenvolver uma atitude positiva diante dela.

A habilidade de uma empresa para unir seus esforços educativos, sua estratégia e sua visão global determinam, em última instância, se o investimento efetuado em capacitação e treinamento foi produtivo ou mera perda de tempo e energia. O investimento eficaz em capacitação e treinamento gera aumento da produtividade, melhoria nas relações interpessoais e um nível de qualidade mais elevado.

O papel da empresa

No início da década de 1990, W. Edwards Deming, um dos mais renomados consultores de negócios do mundo, diagnosticava:

> Um número crescente de empresas reconhece hoje que o investimento em qualidade é um dos mais lucrativos que elas podem fazer. Não fazer nada custa muito mais caro. O mundo inteiro exige qualidade.[5]

Inovar é preciso e, principalmente, fazer a mudança acontecer. Para isso, deve-se estar aberto a novas tendências e ter sempre em mente que, para sobreviver, as empresas precisam ter clientes, clientes satisfeitos com seus produtos e serviços e, acima de tudo, com seu atendimento. Em outras palavras, o futuro de uma empresa ou organização depende de sua capacidade de satisfazer os requisitos de qualidade que o mercado solicita. Ela deve produzir e entregar bens e serviços que satisfaçam as demandas e expectativas de clientes e usuários, e é difícil imaginar que o possa fazer eficientemente se seus bens e serviços não são produzidos e entregues por pessoas dotadas de um alto nível de qualidade.

O trabalho de implantação de um programa de qualidade engloba cinco atividades: pesquisa, mudança cultural, marketing interno, treinamento e comunicação. A sequência deve ser respeitada, pois o processo de

---

5 Deming (1990).

mudança requer tratamento especial, principalmente no que se refere à cultura. A empresa tem obrigação de oferecer meios para que os funcionários alcancem um nível de desempenho aceitável pela própria empresa, mas, sobretudo, pelo cliente.

A frase "O cliente tem sempre razão" nunca foi tão repetida. O cliente é a alma da empresa e, se o funcionário não está apto a executar uma tarefa que possa satisfazê-lo, isso significa um cliente a menos, pois há várias opções concorrentes em que ele pode ser mais bem atendido.[6] Nesse contexto, "vestir a camisa da empresa" já não expressa o máximo do comprometimento do funcionário. É necessário "tatuar" a empresa nas suas atitudes.

Verifica-se, no entanto, que um grande número de empresas ainda não dispõe de um atendimento qualificado como os consumidores gostariam. A realidade demonstra que se presta muito pouca atenção às pessoas cujos esforços são essenciais tanto para a qualidade de produtos como de serviços, e que os custos associados aos padrões de qualidade são sempre considerados dispensáveis. Ainda há um grande número de empresas que não julgam necessário investir no treinamento do seu pessoal. Em alguns casos, por acharem o investimento alto para resultados que, às vezes, só aparecem a longo prazo. Além disso, há também aquelas que não dispõem de capital para esse investimento, pois é um processo bastante caro. Essas empresas não conseguem acompanhar as mudanças e exigências do mercado e tendem a desaparecer.

No mercado altamente competitivo em que vivemos, o consumidor é cada vez mais exigente e não está interessado em saber se a empresa tem ou não os recursos para investir em treinamento nem se o funcionário está de mau humor. O cliente quer ser bem atendido e, se isso não ocorrer, simplesmente sairá descontente em busca de um atendimento melhor em outra empresa.[7] Na maioria dos casos, a empresa não percebe a perda de imediato e, quando a percebe, já é tarde demais. As empresas que já passaram por isso sabem muito bem que recuperar um cliente é muito mais oneroso do que mantê-lo. Além disso, reconquistá-lo será ainda mais difícil se os funcionários de atendimento não tiverem um bom desempenho.

> Os planejadores da qualidade devem aceitar a realidade de que, em uma sociedade competitiva, os clientes têm a ultima palavra.
> *Joseph M. Juran, pioneiro na área de melhoria da qualidade*

---

6 Almeida (1998).
7 Colombini (2000).

Por outro lado, a simples implantação de programas de treinamento ainda não é tudo. Implantados com o objetivo de desenvolver e aperfeiçoar o desempenho dos funcionários, os programas de treinamento são indispensáveis, mas não produzem desenvolvimento e crescimento profissional se não houver um processo contínuo no próprio ambiente de trabalho. Nesse ponto, a grande dificuldade é que as empresas costumam restringir sua oferta aos cargos de chefia, encarregando os chefes de repassarem o conhecimento às equipes de trabalho. No entanto, quando não há uma estrutura física e um horário marcado para o treinamento, o que realmente ocorre são informações mal transmitidas durante o horário de trabalho.

A empresa deve deixar claro aos funcionários por que os programas são importantes, indo além da retórica.

Para motivar os funcionários, faz-se necessário implantar sistemas de avaliação de desempenho, reconhecimento e recompensa realmente justos, relevantes e adequados do ponto de vista de ganhos, quando comparados ao mercado. Isso pode significar ajustes no nível de remuneração, mas também pequenas celebrações por sucessos localizados. As pessoas precisam ser reconhecidas por um bom trabalho.

A mensagem básica que se quer enviar para as tropas de linha de frente é: "Vocês, de fato, são importantes para o sucesso da organização." Isso pode significar, por exemplo, oferecer treinamento ao pessoal da limpeza sobre a importância de sua atividade para a atividade-fim da empresa.

Esse talvez seja o fator crucial de motivação das pessoas que trabalham na linha de frente de serviços.

> O cliente é quem define a qualidade.
>
> *Armand Feigenbaum,*
> *uma das maiores autoridades em qualidade no mundo.*

O que o cliente deseja?

Para Sérgio Almeida, reconhecido especialista em qualidade de atendimento, o cliente deseja, ao mesmo tempo, um padrão de qualidade cada vez mais alto no atendimento e nos produtos e serviços, o que afeta diretamente sua percepção de valor.

Toda decisão de um cliente baseia-se numa análise de valor, consciente ou inconsciente, e valor é a relação entre preço e qualidade.

O adequado julgamento do valor de um produto ou serviço depende de uma série de atributos de quem julga, entre os quais nível educacional, conhecimentos, informações, experiência, sensibilidade etc.

Ninguém, por mais desprovido que seja dos atributos adequados para julgamento, deixa de decidir pela melhor opção para si próprio. No fundo, todos buscam sempre decidir pelo produto ou serviço que tenha maior valor agregado.

DICA DE COMO FAZER A DIFERENÇA: Conta-se que um homem escreveu uma carta para um pequeno hotel de uma cidade dos Estados Unidos que planejava visitar em suas férias.

– Gostaria muito de levar meu cachorro comigo. Ele é muito bem cuidado e muito bem-educado. Seria possível que ficasse comigo em meu quarto à noite?

Uma resposta espetacular veio do dono do hotel:

– Administro este hotel há muitos anos. Durante todo esse tempo, nunca hospedei um cachorro que tivesse roubado as toalhas, as roupas de cama, os talheres ou os quadros das paredes. Nunca tive de expulsar um cachorro no meio da noite por estar bêbado e fazendo desordem. E nunca hospedei um cachorro que tivesse fugido sem pagar a conta. Portanto, seu cachorro é bem-vindo em meu hotel. E, se seu cachorro garantir, o senhor também será bem-vindo aqui.

A história acima traz um exemplo de prestador de serviços que faz a diferença para seu cliente. Não ofereça a seu cliente um serviço que não seja no mínimo espetacular.

Quem é nosso cliente?

Nosso cliente é a pessoa mais importante do mundo, e está na fila do banco ou no telefone, comunica-se pessoalmente ou por escrito.

Segundo Philip Kotler, um dos papas do marketing,

> Um cliente não interrompe nosso trabalho, é a finalidade dele. Não estamos fazendo um favor ao servi-lo, ele está nos fazendo um favor dando a oportunidade de atendê-lo. É uma pessoa que

nos traz seus desejos. É nossa obrigação lidar com eles de maneira lucrativa para ele e para nós.[8]

Um cliente lucrativo é uma pessoa ou empresa que, ao longo do tempo, rende um fluxo de receita que excede por margem aceitável o fluxo de custos que despendemos para atraí-lo, e atendê-lo e vender para ele.

As empresas de hoje não têm outra escolha a não ser implementar programas de gestão pela qualidade total, se quiserem continuar no páreo e permanecer lucrativas. A qualidade total é a chave para a criação de valor e a satisfação de clientes.

O cliente encantado

Encantar o cliente é antes de tudo não desencantá-lo, é obter nível de falha zero.

Ainda segundo Sérgio Almeida, são três os mandamentos do encantamento: não desencante; satisfaça; extrapole.

Para encantar o cliente, o autor recomenda os seguintes procedimentos:[9]

- Nunca permita que um cumprimento de cliente fique esquecido. Acompanhe os cumprimentos da mesma forma que as reclamações.
- Comunique-se com o cliente de maneira amigável e pessoal. Deixe-o perceber que ele é importante para a empresa.
- Repita os cumprimentos e tente fazer com que o cliente faça o mesmo.
- Se for possível, tente expressar a satisfação da empresa ao cliente agradecendo seus cumprimentos.
- Mantenha as portas abertas; cliente feliz, comunicativo, que sente felicidade com a empresa e é leal a ela é um dos melhores mecanismos de proteção que uma empresa pode ter.

Para ilustrar a tese do encantamento, relatamos a seguir alguns casos de qualidade no atendimento com custo zero.

UM FÓSFORO, UMA BALA DE MENTA, UMA XÍCARA DE CAFÉ E UM JORNAL

Da primeira vez, foi acidental; pelo menos para mim. Não havia sido intenção parar naquele lugar.

---

[8] Kotler (1999, p. 185).
[9] Almeida (1998, p. 36).

Estava dirigindo há horas e, já cansado da estrada, resolvi descansar... Quando cheguei à recepção... o hall do hotel estava suavemente iluminado ... Atrás do balcão da recepção, uma moça (...) de rosto alegre, saudou-me amavelmente: "Bem-vindo a Venetia." Não se passaram mais de três minutos entre essa saudação e minha entrada no quarto (...) fiquei impressionado com a facilidade do procedimento.

E o quarto! A principal impressão foi de discreta opulência. ... Uma cama (...) impecavelmente limpa, (...) uma lareira, (...) e, sobre a lareira, um fósforo apropriado em posição perfeitamente alinhada para ser riscado. Encantado com a minha sorte, eu mudei de roupa para o jantar (a moça da recepção fizera minha reserva junto com o registro)... A refeição foi tão deliciosa como tudo que tinha experimentado até então. ... Assinei a conta e voltei para o quarto (...) estava ansioso pelo fogo da lareira... Alguém tinha se antecipado.

Já havia um lindo fogo na lareira. A cama estava preparada, os travesseiros arrumados, com uma bala de menta sobre cada um...

Ao adormecer, naquela noite, senti-me muito bem servido.

Na manhã seguinte, acordei com um estranho som de borbulhar vindo do banheiro. Saí da cama para investigar. Uma cafeteira, ligada por um *timer* automático, estava preparando meu café. Um cartão apoiado nela dizia: "Sua marca predileta de café." Bom apetite!

E era mesmo. Como eles podiam saber esse detalhe? De repente, lembrei-me. No jantar perguntaram-me qual era a minha marca preferida de café. E aqui estava ela! ... Houve um leve toque na porta. Fui abrir... Na frente da porta, jazia um jornal. Meu jornal, [...] como era possível saberem disso? Mais uma vez, lembrei-me: quando me registrei, a recepcionista havia perguntado qual o jornal que preferia...

O que, exatamente, o sistema ofereceu?
Um fósforo, uma bala de menta, uma xícara de café e um jornal!
... Cada componente individual era a solução orquestrada...[10]

DICAS DA VENDA COM ENCANTAMENTO
Receba seu cliente na entrada da loja, abra a porta da loja para recepcioná-lo, fazendo-o sentir-se a pessoa mais importante do mundo.

---

10 Almeida (1998, pp. 96-98).

Mostre seu produto, estimulando o cliente a tocá-lo, experimentá-lo, usá-lo, senti-lo.

Mostre a qualidade, a funcionalidade de seu produto.

Envolva seu cliente emocionalmente com seu entusiasmo e o da sua ação.

Ouça, ouça sempre seu cliente.

Convide-o a testá-lo.

Seja criativo, e aproveite para aprender, entender e gostar das objeções dos clientes.

"Só estou olhando!" Ótimo, mostre as novidades que chegaram.

Está muito caro? Mostre a qualidade do produto, que tem isso, aquilo, fica bem com isso etc.

"Só estou pesquisando!" Atenda-o como se estivesse fazendo uma grande venda. Com certeza ele voltará. O não de hoje poderá ser o sim de amanhã.

Dúvida, medo de comprar? Mesmo que o cliente não tenha decidido, considere a venda fechada. E feche. Esse mais aquele produto totalizam tanto.

Crie sempre, invente sempre. Faça jogos que seduzam os clientes, do tipo: "Só hoje! Só até amanhã!"

Faça ofertas instantâneas, do tipo, ao soar uma campainha, o cliente que estiver pagando suas compras terá um desconto de x% ou poderá parcelar em mais vezes que o combinado.

McDonald's

Se o cliente derruba uma bandeja dentro da loja, recebe automaticamente uma outra com o mesmo conteúdo. E o que é melhor, de graça.

Hotel Regent Park (São Paulo)

O hóspede encontra, diariamente, na porta de seu apartamento, um jornal de cortesia.

Uma especial atenção ao cliente.
- O atendimento mais que excepcional dos garçons do Restaurante Porcão Rio's, no Rio de Janeiro: eles quase leem seus pensamentos quando você quer expressar o desejo de comer algo diferente.

- O atendimento ultrapersonalizado da loja Novamente no Centro do Rio de Janeiro. As vendedoras conhecem muito bem os produtos que vendem e, se você comprou uma roupa para ir a uma determinada festa, pode ter certeza de que nenhuma outra cliente da loja usará a mesma roupa no mesmo evento. As vendedoras são delicadas e sutis em não mostrar a mesma roupa para outra cliente.
- O motorista de táxi que oferece o seu celular para o cliente usar.
- A loja de roupas para adultos que tem sempre um estoque de pirulitos para as crianças que acompanham os pais.
- Um sorriso sincero.
- A resposta imediata às perguntas feitas pelo cliente.

Basicamente, os investimentos requeridos num processo de encantamento incidem no ser humano e em sistemas gerenciais. E esses tipos de investimentos, via de regra, chegam a ser desprezíveis, se comparados ao investimento em instalações e equipamentos.

O ritmo de encantamento do cliente precisa ser gerenciado. A meta é estar sempre pelo menos um passo à frente, uma vez que ninguém se encanta com o que todo mundo dá. Não há necessidade, entretanto, de disparar na frente, pois, para a empresa, isso significaria custos desnecessários, desperdícios.

No presente, quem encanta tem pelo menos um olho. Entretanto, mais e mais empresas abrirão um olho, dois olhos, [...] e, aí, o encantamento do cliente, que atualmente é fator diferencial, passará a ser piso, condição mínima. Quem assim não proceder estará implacavelmente excluído do mercado. Em síntese, o encantamento do cliente será uma prática obrigatória, e não exceção, como ainda ocorre hoje.[11]

Como surpreender o seu cliente

O cliente espera que as empresas que lhe prestam serviços sejam corretas e confiáveis e que sempre proporcionem e cumpram o prometido. Um serviço confiável não dá à empresa um crédito extra com os clientes, já que ela está fazendo apenas o que é esperado.

---

11 Senac Nacional (1996).

Exemplos de como surpreender o cliente

A Continental Cablevision, um sistema de TV a cabo de Saint Paul, Minnesota, EUA, programou um canal para o que eles chamam de "TV de Chamadas do Lar". Ao vivo, um representante demonstra a solução do problema apresentado ao programa enquanto o cliente está assistindo. A reação é surpreendente. Segundo o porta-voz da Continental: "As pessoas ficam absolutamente atônitas. Você quase pode ver queixos caindo no outro lado da linha quando elas experimentam esse serviço.

Uma empresa de encanamento, aquecimento e ar-condicionado em uma pequena cidade da Califórnia, chamada De Mar, cresceu de US$ 210 mil para US$ 3,5 milhões em vendas em praticamente seis anos, depois de fazer um estudo e mudar sua maneira de fazer negócios.
Entre as modificações, a De Mar realizou:
1- garantia de realizar o serviço no mesmo dia da solicitação para os clientes que precisassem;
2- atendimento 24 horas por dia, sete dias da semana, sem taxa extra; e
3- estimativas de custos garantidas, o que significa que o cliente sabe antecipadamente quanto vai gastar.

Conclusão

A qualidade não se faz apenas com tecnologia. Ela se faz com pessoas, em especial com pessoas capacitadas, treinadas, lideradas, motivadas e plenamente conscientes de suas responsabilidades. Qualidade se faz com a participação e o *empowerment* das pessoas. Nesse sentido, a qualidade é, sobretudo, um estado de espírito que reina dentro da organização. Ela exige o comprometimento de pessoas com a excelência.

COLOQUE EMOÇÃO EM SUA LOJA. AGUCE OS CINCO SENTIDOS DE SEUS CLIENTES.

- Colocar a mercadoria ao alcance do cliente, para que ele possa tocá-la, sentir sua textura.
- Sua loja deve ter um cheiro que a diferencie de todas as outras.
- Ter boa visibilidade em toda a loja, com luz natural e artificial, é fundamental.

- Oferecer aos clientes mimos como um gostoso café com biscoitos de amêndoas e canela.
- Ter um som ambiente que os remeta a lembranças e momentos felizes como uma música adequada ao seu público-alvo perfeita para o momento de prazer.

Somente com base nos conceitos aqui expostos e em sua implementação nas organizações é que a fidelização pode acontecer, a empresa pode progredir e seus funcionários podem evoluir.

Referências bibliográficas

ALMEIDA, Sergio. *100% cliente*. São Paulo: Casa da Qualidade, s.d.

____. *Eu não vivo sem você*. São Paulo: Casa da Qualidade, 1998.

AUMOND, Carlos Walter. *Gestão de serviços e relacionamentos*. Rio de Janeiro: Campus, 2004.

COLOMBINI, Letícia. "Ouça o que ele diz. O que você pode aprender ouvindo o seu cliente." *Você S.A.* n.21, 2000.

CORREA, Henrique L; CAON, Mauro. *Gestão de serviços*. São Paulo: Atlas, 2000.

CROSBY, Philip. "Qualidade: diferencial competitivo?" Jun. 1999. Disponível em: <www.philipcrosby.com.br/philspage/articles/artigo99_7.htm>. Acesso em julho de 2004.

____. "O futuro dos profissionais da qualidade." Nov. 2000. Disponível em: <www.philipcrosby.com.br/philspage/articles/artigo00_11.htm>. Acesso em julho de 2004.

DEMING, W. Edwards. *Qualidade: a revolução da administração*. São Paulo: Saraiva, 1990.

JURAN, J. M. "Qualidade no século XXI." *HSM*. 3 jul./ago. 1999, ano I, pp. 96-104.

KOTLER, Philip; ARMSTRONG, Gary. *Princípios de marketing*. 7.ed. São Paulo: Pearson Brasil: LTC, 1999.

LOBO, Julio. *Encantando o cliente*. São Paulo: Atlas, 1993.

LOPES, Cíntia. *A estrela é você*. Blumenau: Eko, 2002.

MOURA, Moacir. *Os segredos da loja que vende*. São Paulo: Negócio, 2003.

SENAC. *Qualidade em prestação de serviços*. São Paulo: Editora Senac Nacional, 1996.

SCHULTZ, Howard. *Dedique-se de coração*. São Paulo: Negócio, 2000.

Paulo Bertone

Empresário, mentor de empresas e conferencista
na área de Marketing e Endomarketing.
Graduado e pós-graduado em Marketing e Endomarketing
pela Florida Atlantic University (FAU).

Autoestima também para quem vende moda

Motivação e endomarketing no varejo de vestuário

Antes de começar este capítulo, gostaria de dar algumas informações preciosas e esclarecedoras sobre minhas amigas e verdadeiras especialistas do mercado da moda. Elas vivem o dia a dia e a realidade desse badalado e tão pouco conhecido segmento que quase todos de fora consideram um verdadeiro *glamour*.

Por meio de exemplos simples, tentarei demonstrar, para que possam entender com clareza, que os resultados positivos de toda e qualquer estratégia de marketing só são possíveis quando há a valorização do ser humano.

Primeiramente, precisamos conviver com nossos colaboradores, tendo em mente que são seres humanos, com qualidades, dificuldades e limitações, e que devemos procurar esclarecer suas dúvidas sem que eles tenham medo de expô-las.

Por outro lado, devemos interagir com nossos colaboradores como se fôssemos membros de uma mesma família, mostrar que um grupo coeso e comprometido será capaz de melhores realizações e, finalmente, que é pelo reconhecimento do que foi executado com qualidade que a recompensa será obtida.

Vamos, então, conhecer duas histórias diferentes. Provavelmente já ouvimos alguma história semelhante em nosso dia a dia, porém não nos detivemos para analisá-la com uma visão crítica e profissional.

Zu & Zu

Fundação: 2000
Segmento: moda feminina
Classes: A e B (a partir de 25 anos)
Perfil do consumidor: mulher criativa, participativa, atualizada e produtiva
Lojas próprias: 6, no Rio de Janeiro
Franquia: 1, em São Paulo (laboratório da experiência)
Produção: cooperativas com participação no negócio
Funcionários: 40

Zu 1

Esta história começa por um apelido: Zu, que nada mais é do que a abreviação do nome Zulmiralina Altamira Passos. Foi a melhor forma que Graziana, sua melhor amiga de escola, encontrou para acelerar a chamada na sua sala de aula. Além de estar no fim da lista de chamada, o nome era extenso e complicado, retardando o término da aula.

Zu nasceu e foi criada no interior do Rio Grande do Norte, numa cidade famosa por suas tradicionais bordadeiras. Ela aprendeu o ofício, ainda menina, com sua avó materna, considerada a melhor bordadeira da região. Ao completar 17 anos, nossa Zu conheceu um rapaz, apaixonou-se, caiu em seus braços, teve um caso amoroso e tornou-se mulher. Com esse acontecimento, a família achou melhor que Zu saísse da cidade, pois estava mal-falada. Zu repetia, assim, a história de sua tia Amaralina, que, por certas circunstâncias, havia deixado a cidade para tentar a vida no Rio de Janeiro.

Zu saiu de casa e foi morar no Rio de Janeiro com a tia Amaralina, que a recebeu com todo carinho e compreensão.

Tia Amaralina era a coordenadora de produção de uma cooperativa de bordadeiras e costureiras que fundara há dez anos com 14 amigas de profissão. Elas haviam trabalhado juntas numa fábrica que falira por causa do Plano Collor e, para não ficarem desempregadas, decidiram, como alternativa, fundar a cooperativa. Trabalhando com muita dedicação, esforço e aprimoramento, colocaram-se entre as maiores e melhores profissionais do Rio de Janeiro.

Claro que Zu, com a ajuda financeira de sua tia, ingressou imediatamente na cooperativa e aprimorou ainda mais os seus conhecimentos. Paralelamente, participou de cursos de corte, modelagem, costura, estilo e acabamento e de seminários de técnicas de produção, produtividade de cooperativas e gestão empresarial.

Sua dedicação e facilidade de relacionamento com suas parceiras foram primordiais para que fosse escolhida como responsável pela gestão de conhecimento das cooperadas. Assim, conseguiu oferecer-lhes novos cursos de aprimoramento, como os de fashion designer, linguajar da moda e relacionamento humano como diferencial da qualidade. Também promoveu excursões para outros pólos produtivos e conseguiu reunir um grupo de estudos de vários segmentos do mundo da moda para uma viagem a Nova York.

Zu 2

Um dos resultados dessa viagem foi a oportunidade de conhecer a outra Zu, Zuleica, uma carioca, nascida no subúrbio de Inhaúma, que começara a vida profissional aos 14 anos, trabalhando como balconista do armarinho de sua avó, instalado na garagem de sua casa.

Zuleica tomou gosto pelo negócio e tornou-se profunda conhecedora de aviamentos. Seu grande diferencial, contudo, era a facilidade de encantar as clientes. Ela era conhecida no bairro pela gentileza e paciência com que atendia a freguesia. Por esse motivo, sua vizinha, vendedora de uma loja de lingerie recém-inaugurada no NorteShopping, resolveu convidá-la para trabalhar na mesma loja. Seu impasse foi terrível, pois adorava trabalhar no armarinho de sua avó, onde, entretanto, a possibilidade de crescimento era remota, em razão da falta de capital e da idade avançada dos avós. Zuleica resolveu aceitar o novo desafio e pediu um mês de prazo, para transmitir seus conhecimentos sobre o armarinho para sua prima Maristela, que queria muito trabalhar. Vinte e cinco dias depois, Maristela estava apta a assumir o armarinho e dar continuidade aos trabalhos, e Zu assumiu o cargo na loja de lingerie.

No primeiro dia de trabalho, Zu bateu o recorde de vendas da loja, e a diferença entre ela e as demais vendedoras ficou clara. O maior segredo dessa façanha era o mesmo daqueles primeiros dias do armarinho: atenção, carinho e respeito por suas queridas clientes.

Acostumada a compartilhar seus resultados com a família, Zuleica percebeu que poderia agir da mesma maneira com suas parceiras de trabalho, pois, fortalecendo o grupo, todas teriam o reconhecimento e a empresa poderia expandir-se. Três meses depois, o cargo de gerente foi criado para que ela pudesse ser promovida.

O mercado brasileiro, como um todo, estava em um momento favorável. Estávamos em pleno Plano Real e, com o aquecimento das vendas, logo veio a oportunidade de abrir uma nova loja no Barra Shopping. É claro, caros leitores, que nossa querida e admirada Zu foi a escolhida para ser a gerente da nova loja da Barra. Bem, resumindo essa linda e promissora trajetória profissional: com a abertura de outras lojas, nossa Zu foi promovida a supervisora.

No decorrer desse período, Zu participou também de muitos cursos e workshops para aprimorar seus conhecimentos, porém sem nunca abandonar o que sempre norteou sua carreira: o carinho e a atenção dispensados a suas clientes e também a suas colaboradoras no dia a dia do trabalho.

Agora que já conhecemos um pouco as histórias das duas "Zus", voltemos à viagem a Nova York.

O encontro

Zulmiralina e Zuleica estavam olhando, ou melhor, "namorando" a beleza e a criatividade da vitrine de Natal da Bloomingdale's. Fazia um frio de rachar. Uma olhou para a outra e decidiram tomar um café, pois ambas tinham tido uma ideia muito louca...

Já sentadas, com uma *mug*, digo, xícara de café, ou melhor, "chafé", disseram praticamente ao mesmo tempo: "Vamos abrir uma loja juntas? Pois, se unirmos nossos conhecimentos, poderemos ter sucesso."

As duas piraram!

Foram tantas ideias que elas ainda continuavam a tagarelar quando a *coffee shop* já estava fechando, porém o mais importante aconteceu: naquele último café da noite, ambas estavam determinadas a unir as forças, somar seus conhecimentos e, juntas, cada uma em sua especialidade e com sua experiência de vida, fazer surgir uma marca cujo nome, até hoje, poucos sabem como surgiu.

Nascia, então, a Zu & Zu. Bem, agora todo mundo vai ficar sabendo que um Zu vem de Zulmiralina e o outro, de Zuleica, e que todos as identificavam como "a Zu morena" e "a Zu loura".

Ah, sim – quase me esquecia de contar! –, ao voltarem para o Brasil, Zu e Zu tinham adquirido mais conhecimento sobre o mundo da moda num curso intensivo de dois dias no Fashion Institute of Technology de Nova York (Fit-NYC). Uma voltou-se para o desenvolvimento de coleções, e a outra, para técnicas de vitrine. No Rio, passaram a trocar ideias pelo telefone mais ou menos três vezes por dia. E, finalmente, quase sessenta dias depois do retorno da viagem, começaram a concretizar o sonho e decidiram dar início a um negócio que, ao menos no princípio, não atrapalhasse o ganha-pão garantido de cada uma, suas atividades principais na cooperativa e na loja de lingerie.

O início

Para darem o pontapé inicial, participariam de feiras de moda nos fins de semana, já com a nova marca. Estabeleceram um prazo bem amplo, de sessenta dias, para que tudo desse certo, e então começou a corrida contra o tempo.

Resolveram aproveitar as amizades que haviam feito ao longo de suas atividades profissionais. Para começar, precisavam definir o visual da marca, a começar pela logo. A Zu morena conhecia uma moça que fazia os desenhos em silk usados para estampar as etiquetas das roupas da cooperativa, e – detalhe importante – seus desenhos tinham um estilo clássico e sofisticado.

Além de ser amiga, a tal moça admirava Zu como profissional e como ser humano e, claro, topou na hora fazer a logomarca.

Por seu lado, a Zu loura começou a pesquisar as feiras de moda para determinar qual seria a ideal para o lançamento dos novos produtos e da nova marca. Aconselhou-se com vários amigos, até que se decidiu pela feira do Jockey Club do Rio de Janeiro – a Babilônia Feira Hype –, que começava a despontar como lançamento de novas grifes e tinha a vantagem de só ser realizada num fim de semana por mês. Assim, seria possível conciliar a nova atividade com as atividades principais das nossas Zus.

Por sorte, ou até pelo destino, um dos responsáveis pela feira havia trabalhado como vitrinista substituto nas férias do vitrinista das lojas em que a Zu loura era supervisora, e os dois ficaram amigos e trocaram muitas ideias. Então, tudo ficou mais fácil. Bastou uma ligação para que o velho amigo cedesse – ou, mais exatamente, desse – o espaço para que elas começassem o novo desafio, o qual, diga-se de passagem, ele tinha certeza de que seria um verdadeiro sucesso.

Já com a marca e o local para o lançamento definidos, partiram para a criação da coleção. Passaram a se reunir todos os dias depois do expediente. Foram várias noites sem dormir para desenvolver uma coleção totalmente nova, com a ousadia do novo, porém dentro das expectativas de suas clientes ou, melhor dizendo, seu público-alvo.

Chegava a hora de usar a poupança de muitos anos para comprar material e produzir os lindos modelos que tinham desenvolvido. Contando com a solidariedade das amigas da cooperativa, rapidamente produziram toda a coleção, com um acabamento caprichadíssimo.

Agora estavam a uma semana da feira e ainda faltavam os móveis do estande e os manequins para a exposição dos produtos. Obviamente, a Zu loura conseguiu-os emprestados com uma amiga que acabara de trocar os móveis e os expositores de sua loja e não tinha onde armazenar as peças antigas.

Surgiu uma dúvida em relação às roupas da coleção que ambas usariam durante a feira e a ansiedade era tanta que a Zu morena começou a comer chocolates durante as reuniões de trabalho e (espero que não fique zangada com minha indiscrição) ganhou vários quilos. A uma semana do lançamento estava, digamos assim, fofíssima! Bem, mas a força de vontade foi tanta que ela perdeu quase sete quilos antes da estreia da marca. Sabe para quê? Para usar um lindo vestido "tubinho", uma das principais peças da coleção.

Um dia antes do lançamento, as duas reuniram-se para analisar todos os detalhes das roupas, manequins, expositores, mesa de trabalho e cartões comerciais – que, por sinal, ficaram tão lindos que mais pareciam cartões-postais. Embalaram tudo e não conseguiram dormir.

Às 6h da manhã, lá estava a kombi (claro também de um amigo) para pegar tudo e levar para a feira. No caminho, as novas empresárias, que também iam na kombi, pararam para comprar dois vasinhos de margaridas que ajudariam a compor o ambiente. Às 9h, tudo já estava nos seus devidos lugares, com o maior capricho e bom gosto.

> Trabalhando a essência do ser humano, o marketing pessoal prepara o indivíduo e o conscientiza de que, ao agregar valores à sua imagem, através da conduta moral e ética, somada à aquisição de novos conhecimentos, ele estará pronto para exercer a sua verdadeira função em qualquer empresa ou instituição.
>
> [...]
>
> Os valores agregados são eternos, o que o tornará não apenas um vendedor de sua imagem ou de ilusões, mas um verdadeiro profissional de qualidade, um verdadeiro ser humano.[1]

O lançamento (a feira)

A expectativa era grande, e, às 12h em ponto, os portões foram abertos. Nossas Zus estavam prontas, supercaprichadas, unhas, cabelos, perfume, e cada uma com um "modelito" especial da coleção.

Para dar uma ideia dos acontecimentos, basta dizer que, por volta das 17h, as duas já estavam exaustas, porém a garra era tanta que nem sentiam o cansaço. Para resumir, precisamente às 20h30, para surpresa geral, todo o estoque produzido, de todas as cores, tamanhos e modelos, tinha acabado.

– Que loucura! – Uma olhou para a outra e, emocionadas, abraçaram-se e choraram de alegria. E, como se tivessem ensaiado, pronunciaram juntas: deu certo!

– Bem, o que fazer agora se o estoque acabou? – perguntou a Zu morena.

– Não vamos pirar – respondeu a loura. – Vamos manter os displays e manequins com nossa coleção, vamos deixar nas araras as cores do mostruário e tirar pedidos dos produtos. Podemos entregar na casa de nos-

---

1 Texto extraído de uma das palestras ministradas pelo autor.

sas clientes, digo, futuras clientes. Ou elas poderão pegar aqui, na próxima edição da feira, em quatro semanas.

Para cumprir o compromisso de entregar as encomendas em casa, pediriam prazos de no mínimo dez dias e, conforme os pedidos fossem feitos, poderiam dilatar o prazo. As duas Zus estavam sempre atentas para cumprir suas promessas.

A maioria das clientes preferiu a primeira opção, pois naturalmente sofria de ansiedade e queria usar logo um novo modelito. Indo direto ao ponto, na segunda edição da feira, foram mais de 150 encomendas, de vestidos mais caros a blusas mais simples e baratas. O que facilitou muito a logística da entrega foi que quase 100% das encomendas eram para a Zona Sul do Rio.

As Zus estavam também superantenadas quanto ao parecer e aos comentários das clientes, e o que mais escutaram foi: "Que bom gosto!", "Que qualidade de acabamento!", "Que tecidos de qualidade!", "A modelagem está perfeita para o meu tamanho". Também houve comentários sobre a originalidade do nome da marca, o toque romântico e a suavidade das cores da logomarca. Havia também perguntas sobre quem era a fashion designer; quem havia escolhido as cores da coleção e bolado a decoração do estande. As respostas sempre foram as mesmas: "Nós duas, com a ajuda de vários colaboradores, que nos acompanharam desde o início de nossa trajetória individual e, principalmente, neste momento tão importante de nossas vidas, em que iniciamos uma parceria e lançamos uma nova marca. Sem eles, podemos garantir que nada conseguiríamos."

Quando tinham um tempinho livre, iam ao banheiro e aproveitavam para ir até o orelhão mais perto e ligar para o pessoal da cooperativa e para os amigos que as ajudaram. Até marcaram um chopinho para depois da feira, no bar Hipódromo.

Day after

Bem, o dia seguinte ali estava. Era tempo de voltar ao trabalho do dia a dia, mas com um sabor de vitória e de sonho realizado.

Sei que todos vão pensar que o sucesso lhes subiu à cabeça e elas abandonaram os empregos para dedicarem-se só à Zu & Zu.

Evidente que não, pois as nossas Zus não perderam o foco no comprometimento que sempre norteou tudo o que fizeram na vida. Com muito esforço, conseguiram manter as duas atividades por mais de um ano, trabalhando para suas empregadoras e coordenando a compra de material, produção, entrega e tudo o mais da Zu & Zu – sem falar que, uma vez por mês, nas semanas de feira, as duas trabalhavam direto, sem descanso, emendando as duas atividades.

Mesmo sabendo que estavam melhorando de vida, resolveram poupar tudo o que conseguiam faturar na feira e viver como estavam acostumadas, com conforto, porém sem exageros. Afinal, elas tinham planos mais ambiciosos. Queriam ter uma loja própria. E, quando começaram a sentir que seria possível realizar esse sonho, a primeira providência foi conversar com suas superioras, para que pudessem preparar sua substituição. Substituição? Francamente, senhores, encontrar profissionais iguais às nossas Zus seria uma tarefa muito difícil...

A Zu morena precisava também comunicar a decisão às colaboradoras da cooperativa e explicar que, mais do que nunca, precisaria do trabalho delas para continuar a produzir as peças da Zu & Zu. Zu garantiu que não deixaria de participar da direção da cooperativa, agora de uma forma diferente, participando das reuniões semanais do conselho administrativo e acompanhando o desenvolvimento dos trabalhos e das políticas da cooperativa, sem remuneração. Certamente todos adoraram, pois, assim, teriam a Zu & Zu como cliente, sem perder a colaboração dedicada e carinhosa da Zu morena com a direção da cooperativa, ainda que não estivesse mais inteiramente envolvida com a administração do negócio.

A Zu loura confessa que não pensou duas vezes antes de avisar a seus superiores que iria deixar o emprego, mas avisou logo e indicou para seu posto Marinalva, uma das melhores vendedoras que já havia conhecido. Aliás, dizem que ela era a verdadeira cópia de Zu: alegre, simpática, atenciosa e educada, com vários cursos de aperfeiçoamento. A indicação foi imediatamente aceita por todos, o que não impediu que a conversa acabasse numa choradeira geral, da qual nem a proprietária da loja escapou. Confessou que estava triste pela saída da Zu, mas, ao mesmo tempo, muito feliz, pois realmente a antiga funcionária merecia ter sua própria loja e marca. Vendedoras, o pessoal da entrega, estoquistas, todos estavam aos prantos e a moça do café até teve de tomar água com açúcar para se acalmar... No fim, tudo acabou em comemoração, com direito a salgadinhos e cerveja encomendados no botequim ao lado.

Ambas deram prazo de noventa dias para desligarem-se de suas funções. Então, começou a loucura à procura de uma loja de frente de rua em Ipanema, o bairro ideal para lançar novas marcas/grifes, o lugar "in" capaz de influenciar o modismo do Rio e, quiçá, do Brasil.

A realização do sonho: a loja

Mais uma vez, não sei se foi sorte ou destino, mas surgiu um ponto bem na esquina da Visconde de Pirajá (a principal rua comercial de Ipanema) com uma de suas transversais mais badaladas. Nossas meninas conseguiram um contrato de aluguel de cinco anos, renovável por outros cinco e, depois de muita negociação, o proprietário aceitou dividir as luvas em três parcelas iguais a serem pagas ao longo de um ano. Se não fosse assim, não teriam dinheiro para a reforma e o mobiliário, e já se passavam dez dias do prazo que haviam estabelecido para encontrar um ponto.

A loja tinha um tamanho quase perfeito para o segmento (50 m^2 no primeiro piso e um jirau de 20 m^2), mas nenhuma das duas entendia nada de obras e muito menos de projetos de arquitetura de loja. Sabiam que, sem uma orientação técnica, poderiam perder tudo, principalmente por tratar-se de loja de varejo feminino. Conversando com Marinalva, descobriram que tinha sido noiva de um rapaz que estudava arquitetura e trabalhara muitos anos em um famoso escritório que só projetava para grifes famosas. Foram atrás do Reinaldo. Conseguiram o telefone, mas veio a surpresa... nosso amigo desistira da carreira de arquiteto e resolvera tornar-se monge budista! No entanto, Reinaldo – digo, monge Chana – ficou tão comovido com a história das Zus que, como bom monge que é, disse que faria o projeto sem cobrar. Só não acompanharia a obra, pois não poderia sair do monastério. Coisa de monge, mesmo.

Em menos de dez dias, todas as plantas estavam prontas, e o projeto ficou lindo. O que mais chamou atenção foi a escolha do mobiliário, das araras e dos móveis para a exposição de produtos, tudo num estilo inspirado na Ásia e em Bali, especialmente. A circulação era fácil e a sensação era de que se estava numa linda e aconchegante sala de estar, com vista para um pequeno jardim e luminárias em tons coloridos e suaves. Reinaldo pensara em todos os detalhes, até nos vasos de planta, que, segundo ele, dariam um ar de frescor e harmonia aos ambientes.

Um projeto desses em mãos já era meio caminho andado. Três empresas foram indicadas para a execução da obra. Terminaram fechando com uma pequena empresa que havia construído várias lojas de roupa e até uma cadeia de restaurantes de comida japonesa. Com a ajuda de Deus, a escolha tinha de dar certo. Como o serviço foi contratado por empreitada e só pagariam os 50% restantes na entrega da loja pronta, o prazo para o término seria de trinta dias. Ocorreram os imprevistos de praxe, quando se trata de obras, sobretudo pelo fato de o prédio ser antigo. Foi necessário substituir a tubulação de água, o que onerou um pouco mais o preço e dilatou o prazo para quase 42 dias. Durante esse período, pesquisaram os preços dos móveis e, de repente, uma amiga da Zu loura soube que uma loja de móveis de Bali, em Itaipava, estava liquidando o estoque, em razão da separação do casal de proprietários. Nossas amigas conseguiram arrematar praticamente a loja inteira por um valor bem abaixo do preço de mercado, pois a proprietária queria mesmo ver-se livre do marido e da loja o mais rápido possível. Providenciaram para que tudo chegasse em sincronia com o término das obras.

Zu loura ficou à frente da negociação dos móveis, enquanto a morena preparava o estoque inicial da loja – não esqueçam que, nesse momento, ela ainda estava na direção da cooperativa e na produção das roupas que continuavam sendo vendidas na feira do Jockey Club.

Sei que vocês podem imaginar o ritmo de vida dessas duas criaturas. (Os namoricos das duas praticamente acabaram – por algum tempo, pois ninguém é de ferro!)

Imagino que vocês estejam pensando sobre quem vai trabalhar com elas e talvez apostem que vão convidar as melhores vendedoras da equipe da Zu loura. Enganaram-se. Nossas amigas Zus têm princípios e, portanto, jamais teriam coragem de tirar alguém do quadro de funcionários da loja de lingerie ou da cooperativa. Resolveram formar uma pequena equipe contratando duas vendedoras com mais de trinta anos; uma solteira e a outra, uma morena-jambo, muito linda, recém-separada, que precisava muito do trabalho para ter uma nova motivação depois da complicação amorosa. As duas praticamente sem nenhuma experiência em venda de roupas femininas, o que, para nossas amigas, era melhor, pois, assim, poderiam treiná-las no método que pretendiam utilizar na Zu & Zu: tratamento personalizado e diferenciado como em nenhuma outra loja do segmento feminino.

Finalmente, amigos, a obra acabou, e a loja ficou pronta. Fizeram uma faxina geral e, conforme haviam previsto, os móveis chegaram. Compraram os vasos de plantas segundo a orientação do monge Chana. Sob a orientação da Zu morena, o pessoal da cooperativa entregou toda a coleção na data prevista.

Agora só faltava arrumar os produtos nas araras, nos expositores e na vitrine, certo? Claro que não! Nossas amigas sabiam que as vendedoras pouco conheciam sobre moda feminina e não tinham grande experiência na arte de vender, isto é, de atender e encantar futuras clientes.

> Eu tenho convicção de que marketing não sobrevive sem endomarketing porque não acredito em nenhuma estratégia de marketing que possa dar um resultado satisfatório, se você não preparar as pessoas da sua empresa, ou seja, se não criar o comprometimento entre elas para poder satisfazer as reais necessidades do cliente.[2]

O treinamento da equipe

Foram quase dois dias de treinamento. Primeiro, a Zu morena preparou um pequeno e completo dicionário de termos muito usados no mundo da moda (delavé, godê, estonado, evasé, patchwork etc.); depois, explicou todos os detalhes de cada peça da coleção da nova grife; cores, acabamento, modelagem, tecido e, claro, as combinações das peças ou, conforme o linguajar da moda, a "harmonização da coleção". Depois dessa aula completa de moda, chegou a hora de a equipe ter um treinamento intensivo com a mestra de vendas, Zu loura. Foram horas a fio procurando transmitir, nos mínimos detalhes, toda a sua experiência de relacionamento com clientes, todas as peculiaridades da arte de vender, e mostrar que uma vendedora jamais deve mentir. Se, por exemplo, a cliente vestisse uma peça que não ficasse bem, que a engordasse, a vendedora deveria ser honesta e dizer a verdade, sugerindo que ela experimentasse outro modelo. Mesmo que correndo o risco de perder a venda, deveria sempre usar a sinceridade, pois é melhor perder a venda de uma peça do que perder uma cliente para sempre. Afinal, uma cliente que se sinta enganada jamais volta a comprar nessa loja e muito menos com a mesma vendedora.

Zu loura abordou ainda outras técnicas de venda, ensinou a cadastrar as clientes, a linguagem e a atitude adequada para interagir com elas, como preencher as boletas de vendas, dar baixa na ficha do estoque etc.

Pensam que acabou?

---

2 Texto extraído de uma das palestras ministradas pelo autor.

Finalmente, as Zus simularam várias situações de venda até que as vendedoras, Clay e Débora, foram aprovadas com louvor.

> Posso afirmar que endomarketing é a integração e o comprometimento de todos – executivos, funcionários, acionistas, colaboradores e fornecedores – com a realidade e os objetivos de uma organização, respeitando-se os princípios éticos, morais e legais, o meio ambiente e a sociedade como um todo. O lucro e a expansão dos negócios são os benefícios do sucesso dessas ações.[3]

Preparando o terreno

Bem, agora vem a melhor parte, o coquetel de inauguração, certo? Ledo engano. Nossas Zus já tinham gasto suas economias e tinham muitas contas a pagar.

Aproveitaram o último fim de semana de participação na feira do Jockey e distribuíram a todas as clientes que lá estiveram um lindo cartão com o endereço da nova loja impresso em fundo branco (superstição?). A data estrategicamente escolhida para a abertura da loja foi 3 de setembro, uma sexta-feira, dia que, além de dar sorte, segundo os místicos, é aquele em que muitas mulheres reservam algum tempo para escolher uma novidade para usar no fim de semana.

As duas Zus fizeram aproximadamente quatrocentas ligações para clientes que, ao longo dos anos, tinham se tornado suas amigas.

Conseguiram uma verba extra e pediram à tia da Zu loura, Dona Nininha, para fazer uns biscoitinhos doces de geleia de damasco e outros com pingos de chocolate – melhores e mais gostosos, impossível – para oferecer, junto com um café ou uma água mineral, a quem fosse conhecer a nova loja.

Entre os detalhes destinados a encantar as clientes, estavam duzentos chaveiros que seriam dados como lembrança às primeiras a visitar a loja. Ideia brilhante de Aninha Jambinho, uma amiga das Zus, os chaveiros eram formados por bonequinhas de pano, bem pequeninas, uma loura, outra morena, confeccionadas pelas amigas da cooperativa com sobras dos tecidos usados na coleção. O sucesso foi tanto que as clientes passaram a cobrar o brinde.

---

3 Texto extraído de uma das palestras ministradas pelo autor.

Nesse ponto da história, há algo que não podemos deixar de mencionar: vocês se lembram do pessoal da cooperativa, que, desde o início de tudo, foi sempre maravilhoso para nossas Zus? Claro que elas também jamais poderiam esquecer aquelas colaboradoras. Por isso, na quarta-feira, exatamente dois dias antes da abertura, marcaram com 12 parceiras da cooperativa um bate-papo com chopinho num barzinho próximo à loja, numa esquina da Rua Nascimento e Silva. Naturalmente, todas foram. Ao chegarem lá, uma surpresa: nossas Zus estavam com as chaves do estabelecimento e, antes do chope, as verdadeiras amigas seriam as primeiras a pisar na loja que haviam ajudado a tornar realidade. Vocês podem imaginar a emoção dessa turma. Imaginem como se sentiram importantes e, ao mesmo tempo, recompensadas por terem sido lembradas. O maior problema, naquele momento, era acabar com a ciumeira entre elas, pois todas queriam ser a primeira a pisar na loja. O impasse só terminou com o sorteio, e quem ganhou foi Doralice, a costureira mais antiga e uma das pioneiras da cooperativa. Todas, sem exceção, deixaram os sapatos na porta para não sujar ou arranhar o piso. Pareciam estar na Disney. Sentaram nas almofadas espalhadas pelo chão, mexeram nos expositores e nas araras e, claro, foram conhecer os dois provadores de roupa e gastaram muitos minutos diante dos enormes espelhos. Também visitaram o jirau, onde as peças produzidas por elas com tanto amor estavam muito bem arrumadas. Ligaram o som e, quando já iam começar uma festinha, nossas Zus lembraram que não poderiam fazer bagunça na loja, pois tudo já estava pronto para a abertura. Claro que nossas amigas entenderam e, com a mesma alegria, voltaram para o barzinho.

Evidentemente, depois de tantos chopes, na quinta-feira, um dia antes da grande abertura, acordaram um pouco mais tarde, mas, em seguida, foram para a loja, com as duas vendedoras, cuidar dos últimos preparativos.

Atenção! Era chegada a hora tão esperada pelas nossas Zus: sexta-feira, 3 de setembro. Às 7h, as duas já estavam lá de banho tomado, cabelos penteadíssimos, unhas feitas, perfume francês suave. Indecisão total: que roupa da coleção usariam? Nervosas, quase perderam a paciência uma com a outra, mas logo chegaram a um acordo. A Zu morena vestiria um conjunto de saia longa de malha (modelagem de Kenzo), com uma blusa de tricoline básica de botão, tudo branco, contrastando com sua pele e cabelo. A Zu loura usaria um lindo vestido tubinho, pretinho básico, para contrastar com os cabelos louros. Não sei se pela beleza das roupas ou se pela emoção que transmitiam, mas o fato é que estavam lindas.

Haviam decidido que as vendedoras usariam uniformes que variariam com a coleção, sempre com cores e modelos novos a cada estação. A opção pelo uniforme veio após diversas conversas com suas clientes. O assunto é delicado e controverso, mas as nossas Zus concluíram que a grande maioria de suas clientes não gostava de ver as vendedoras vestidas com as roupas da própria loja, e, mais uma vez, prevaleceu a estratégia de vendas. "Aqui quem determina o quê e como devemos fazer e agir são nossas clientes!", sentenciaram elas.

Portanto, Clay usaria um terninho preto e Débora, um terninho cáqui, ambos muito bem cortados e com um caimento impecável.

A inauguração

Às 9h em ponto a loja foi aberta, porém, antes, todas fizeram uma oração de mãos dadas. Imaginem a emoção! Como estratégia de ambientação, borrifaram um aroma de flores do campo – essência comprada em uma loja de Itaipava e que também virou marca, ou melhor, cheiro registrado da loja. A Zu loura suava nas mãos, de tanta ansiedade; a morena, sempre mais controlada, roía as unhas. Dois minutos depois, entrava a primeira cliente; na verdade, uma antiga cliente da Zu loura. Era Bruna, filha do presidente de um banco muito conhecido e, atualmente, braço direito do pai na direção da instituição. Muito alegre e simpática, foi logo entrando, abraçando todo mundo e dando os parabéns pela beleza da loja. Em seguida, pediu para ver toda a coleção. Nesse ínterim, um senhor de terno preto entrou na loja e pediu licença. Era o motorista da mulher do Secretário de Saúde que mandou um lindo arranjo de flores como presente pela abertura da loja. Ela era muito amiga da Zu morena, desde os tempos da cooperativa.

O movimento não parou durante todo o dia. Novas e antigas clientes, todas elogiavam a coleção, a modelagem, o acabamento, as cores, as estampas, enfim, tudo. Ninguém parou para almoçar.

Como tanta gente tinha ficado sabendo da abertura da nova loja? De repente, não mais que de repente, entra na loja, Mariana... Com o jornal *O Globo* na mão, ela diz: "Parabéns! Saíram na coluna do Ancelmo."[4] Estava explicado.

---

[4] Ancelmo Gois, colunista do jornal O Globo, do Rio de Janeiro.

Bem, amigos, o movimento foi tanto que não conseguiram atender todas as clientes como gostariam. Por sorte, tia Nininha apareceu para levar mais biscoitos e, na base do improviso, assumiu o caixa. Às 19h, praticamente tiveram de "expulsar" as clientes, pois esse é o horário máximo permitido pelo alvará da loja de rua e, também, por uma questão de segurança.

Estavam exaustas, mas muito, muito felizes, sobretudo depois que fecharam o caixa e deram baixa no estoque. Não acreditaram: a previsão inicial de vendas fora extrapolada. Parecia mais um sonho. O primeiro dia tinha sido um verdadeiro sucesso.

Pós-loja

Assim foram todos os dias de setembro e de todos os meses subsequentes daquele ano. As duas Zus sempre estiveram presentes, de sol a sol, em todas as ações desenvolvidas, desde a produção na cooperativa até a entrega dos produtos. É lógico que nenhum príncipe encantado apareceu nesse período, pois só tinham tempo para namoricos sem grandes pretensões.

É certo que melhoraram de vida, mas, como sempre, continuaram a poupar o que ganhavam, perseverando na política de não ter dívidas com bancos ou financiamentos de longo prazo. Assim, tinham uma saúde financeira invejável.

Jamais se esqueceram de manter a motivação individual e a atualização profissional de todos os colaboradores, por meio de cursos de especialização, lembrando que a moral e a ética devem nortear o caminho de todos, sem esquecer, em nenhum momento, o respeito ao próximo, ao meio ambiente e à sociedade. Praticaram a remuneração por produção aliada à qualidade e fomentaram o desenvolvimento de grupos de trabalho tanto na produção como nas vendas, e até mesmo na logística.

Fazer parte de um grupo assim representa possibilidades de progresso individual e do grupo como um todo. A Zu & Zu é diferente, sim, pois todos têm possibilidade de desenvolvimento.

O crescimento

Depois de quase 12 meses de loja e muitas modificações no planejamento inicial, mais uma vez uma excelente oportunidade surgiu: uma loja, com tamanho próximo ao da loja de Ipanema, no segundo piso do shopping Rio Sul, em Botafogo. O melhor de tudo é que o convite partiu da administração do shopping, que dizem ser o preferido das melhores marcas, por considerar a grife Zu & Zu ideal para complementar seu mix do segmento de moda feminina fashion. Para que isso fosse possível, ofereceram condições muitos especiais na negociação, tão especiais que as nossas Zus tiveram a visão segura de que poderiam crescer sem risco e aceitaram de imediato.

Agora, começava tudo de novo, até a corrida contra o tempo. A experiência que já tinham adquirido, porém, tornava as coisas muito mais fáceis. Repetiram tudo, nos mínimos detalhes, utilizaram os mesmos profissionais, desde o monge budista até a empreiteira. Graças a Deus e com muita força de vontade de todos, a nova loja estava pronta em menos de trinta dias.

Pararam para pensar e chegaram à conclusão de que as duas deveriam se separar no dia a dia. Decidiram que a Zu loura iria para a loja do Rio Sul, pois sempre fora uma grande vendedora, e uma loja que está começando precisa conquistar novas clientes. Ela levou Clay para liderar a equipe, pois teve de contratar duas novas vendedoras, já que a jornada de trabalho nos shoppings é de 12 horas. Dessa forma, as vendedoras novas estariam sempre acompanhadas pelas mais experientes, facilitando o bom e correto atendimento.

A Zu morena quase entrou em depressão. Ficou insegura para tocar as vendas de Ipanema sem sua parceira, que considerava um exemplo na arte de vender. Mais uma vez, superou-se: sem a presença da sócia e com o apoio de Débora, a nossa morena desinibiu-se e explodiu nas vendas.

Depois do enorme sucesso da primeira loja, as Zus acumulavam superstições. Queriam repetir os mesmos passos da primeira inauguração para garantir igual *performance*. Foi o que fizeram: tudo, literalmente, igual, em todos os detalhes, exceto a quantidade de chaveiros encomendada. Elas já sabiam que ela deveria ser maior, principalmente, na inauguração, mas a superstição inicial manteve a produção dos chaveiros sempre em números pares.

Talvez você esteja pensando que, agora, com as duas lojas, as duas Zus raramente se encontrariam. Nada disso. Elas passaram a aproveitar os dias de movimento mais fraco no shopping, segundas e terças-feiras, para se reunir. Às segundas-feiras, pela manhã, iam à cooperativa conversar com as colaboradoras sobre modelagem, corte, tendências da moda, tecido, produção e prazos de entrega, e, depois, iam almoçar, com a maior calma, e colocar os assuntos em dia. Só iam para suas respectivas lojas quase no fim da tarde. As terças-feiras foram reservadas para reuniões com a equipe de vendas. Depois de fecharem a loja de Ipanema, Zu morena e Débora iam para o Rio Sul e lá faziam a reunião com a equipe de vendas. Dava para conciliar muito bem. Quando uma cliente entrava, interrompiam a conversa e depois prosseguiam. O mais gostoso é que, às 22h, todas iam para a praça de alimentação continuar a reunião por mais meia hora. A partir daí, davam o trabalho por encerrado e começavam a reunião das fofocas, com direito a chope e salgadinhos. As despesas, a essa altura, já podiam ser pagas pelo caixa das lojas. Com bebidinhas e comidinhas de graça, todo mundo fazia questão de participar, com o maior prazer.

A Zu & Zu seguiu em frente. As duas investiram na organização da cooperativa e também no aperfeiçoamento das equipes de vendas; desenvolveram manuais de normas e procedimentos para todas as funções e todos os departamentos envolvidos, da produção às vendas. Até os mensageiros eram instruídos sobre como proceder para melhor desempenhar suas funções visando à satisfação das clientes. Vale lembrar que, anualmente, todos os manuais são revisados para que novos procedimentos sejam inseridos. Afinal, eles mudam conforme mandam as clientes.

Aconteceu o que todos esperávamos: uma terceira loja, no BarraShopping; depois, uma no Shopping Tijuca; mais outra no NorteShopping e, finalmente, atravessando a ponte, a sexta loja, dessa vez no Plaza Shopping, de Niterói, aliás, linda, como as outras, e também um sucesso imediato.

As duas Zus pararam para pensar onde abririam a próxima loja e chegaram à conclusão de que o melhor investimento seria aprimorar ainda mais o trabalho da equipe. Foi então que iniciaram o centro de formação profissional Zu & Zu. Alugaram uma casinha de dois andares ao lado da cooperativa, reformaram-na e dividiram os espaços em salas de aula para modelagem, corte, acabamento e tudo o que fosse ligado à produção, uma sala exclusiva, equipada com prancheta e computador Macintosh, para os fashion designers, e outra, com carteiras, para aulas de técnicas de venda. Tudo feito com muita simplicidade, porém bastante moderno e confortável.

Assim, não só conseguiram aprimorar todos os processos de produção como também favorecer o desenvolvimento profissional de todo o pessoal de produção, vendas, logística, finanças e contabilidade, sempre com o objetivo de, cada vez mais, satisfazer as necessidades e vontades das suas clientes, seu maior patrimônio.

Vale notar que, como desde o início nortearam suas relações comerciais pelo espírito de parceria e pelo respeito, procurando cumprir os prazos de pagamento e entrega, as Zus também contaram com a colaboração de seus fornecedores em seu processo de crescimento.

A partir daí, como poderiam crescer?

Várias pessoas de outros estados perguntavam quando abririam uma loja em São Paulo, diziam que Belo Horizonte era a cara delas e que em Salvador não havia nada igual...

Como estavam inseguras, resolveram conversar com o dono de uma cadeia de lojas de roupas infantis, cujos pontos de venda estavam espalhados por diversas capitais brasileiras e cuja mulher viajara com elas para Nova York. O empresário chamava-se Adolfo e sabia tudo sobre varejo de moda. Na sua avaliação, o sistema de franquia seria ideal para que a Zu & Zu crescesse sem comprometer o que já havia conquistado, e para expandir-se com segurança, sem perder o rumo, o foco principal do negócio. Adolfo, entretanto, aconselhou-as a não tentar formatar sozinhas o modelo de franquia da Zu & Zu. Ele recomendou o consultor que formatara a sua franquia e várias outras, que, segundo ele, continuavam a funcionar muito bem, pois, desde o início tudo fora minuciosamente bem planejado e executado. Enfatizou, ainda, que para que o sistema de franquia realmente funcionasse era preciso contar com uma ótima equipe de supervisão, que ajudasse os franqueados em tudo o que fosse preciso, e que garantisse que o cliente não perceberia qualquer diferença entre as lojas próprias e as franqueadas.

As Zus marcaram uma reunião com o tal consultor, diga-se de passagem supervaidoso e elegante – terno, gravata, tudo discreto, com muito bom gosto. Era um cinquentão moreno, meio calvo, com brinquinho na orelha esquerda. Bem, deixando as aparências de lado e indo ao que importa: ficaram encantadas com a simplicidade e objetividade do consultor. O cara conhecia tudo nos mínimos detalhes, parecia ser um batalhador como elas e, pelo andar da conversa, sentiram que sempre usava a palavra "nós", sugerindo que nunca fazia nem conseguia nada sozinho, mas sempre com a ajuda e a colaboração de várias pessoas. Enfim, acharam o consultor "um fofo".

Logo que acabou a reunião, as duas Zus, como de costume, e, claro que por superstição, saíram para tomar um chopinho e definir mais uma vez o que fazer. Depois de alguns chopes, decidiram partir para a expansão pelo sistema de franquia, como Adolfo e o tal consultor "fofo" tinham aconselhado.

Brindaram à resolução e ligaram para o celular do consultor, que, a partir de agora, chamaremos de Fofo.

Uma vez contratado, Fofo pediu que não contassem nada às equipes. Isso porque, como sempre fazia ao iniciar o trabalho de formatação de uma franquia, ele visitaria todas as lojas para entender melhor o funcionamento do negócio como um todo, os produtos e o desempenho das equipes.

Nosso amigo ficou impressionado com o que viu. Como duas moças, com tão pouco tempo de mercado, haviam construído um negócio organizado, com produtos de qualidade e tamanho bom gosto? E o que dizer de uma equipe tão bem treinada e atenciosa, cujo principal objetivo era atender com qualidade e atenção **todos** os clientes, sem exceção, independentemente do sexo, aparência ou poder aquisitivo?

Fofo empolgou-se com o que viu e sentiu que poderia formatar tudo em menos de sessenta dias. Só julgava esse prazo exequível porque nunca vira manuais de normas e procedimentos tão bem elaborados como os da Zu & Zu. (Há quem diga até que o consultor os copiou e, até hoje, usa o mesmo formato em suas aulas e consultorias de varejo. Vamos chamar isso de *benchmarking* de manuais.)

Com a ajuda de toda a equipe, que teve a maior boa vontade, Fofo formatou tudo. Com a assistência da sobrinha advogada, inseriu algumas novas cláusulas no contrato de franquia e preparou o material legal necessário para dar início à divulgação.

Agora estava tudo pronto para lançar a Zu & Zu como franqueadora.

Correndo contra o tempo, compraram um pequeno estande na Feira Nacional de Franquias, em São Paulo, e, por incrível que pareça, com a ajuda do pessoal de sempre e, agora, com o reforço de Fofo, construíram uma loja Zu & Zu em miniatura no pequeno e aconchegante espaço.

Bastou começar a feira e o movimento no estande não parou mais. Prepararam uma ficha a ser preenchida pelos candidatos à franquia e, podem acreditar, saíram de lá com mais de quarenta propostas, dez delas com bom potencial.

A primeira franquia

Após analisarem todas as fichas, orientadas por Fofo, resolveram escolher uma cidade próxima, de maneira que pudessem acompanhar a abertura e a implementação da marca no novo mercado. A cidade escolhida foi Belo Horizonte, a aproximadamente cinco horas do Rio, de ônibus ou carro, e, em caso de urgência, a 45 minutos de avião, o que possibilitava visitas periódicas para orientar e supervisionar a nova loja/franquia, sem custo elevado de transporte, estadia etc.

Elas tiveram mais de seis reuniões com o casal que pretendia ser franqueado em Belo Horizonte. As duas primeiras, no Rio de Janeiro, e as seguintes, em Belo Horizonte. Fofo participou de todas, pois ainda estavam inseguras e um pouco desconfiadas em relação ao sistema de franquia. Para as Zus, como para a maioria dos empresários que pensa em aderir ao sistema de franquia, isso significava permitir que sua marca fosse representada por uma loja que, naquele primeiro momento, seria uma Zu estranha.

Quase piraram. Ficou combinado com o casal de pretendentes que o marido, Sr. Ivo, cuidaria da parte administrativa/financeira, e sua mulher, Lourdes (hoje, simplesmente Lou), seria a responsável geral pela loja (controle de estoque, exposição dos produtos, vendas e tudo o mais). A escolha do casal foi determinada, sobretudo, por seu compromisso de investir tempo integral na condução do negócio, o que, para as franqueadoras, demonstrava que estavam inseridos na sua filosofia empresarial de dedicação e comprometimento.

Escolheram a Savassi, um bairro lindo, supercharmoso e chique, o equivalente a Ipanema em BH, para instalar a loja. Situada na entrada de uma galeria, porém de frente para a rua, a loja teria mais ou menos 50 m², conforme o padrão Zu & Zu.

A imagem

No início do relacionamento com os futuros franqueados, quando as Zus foram com Fofo a BH, pela primeira vez, para escolher a localização da loja, algo chamou sua atenção e quase as fez desistir do negócio. Sabiam que Ivo era engenheiro pós-graduado e que trabalhara por anos como diretor de uma grande construtora de Minas Gerais. Apesar dos diplomas e tudo o mais, tinha o aspecto sujo, cabelos oleosos, unhas grandes e sujinhas, falava muito alto, comia de boca aberta e, para sermos mais sinceros, não parecia ter muita educação. A senhora Lou também tinha uma aparência duvidosa e, mesmo sendo de uma família mineira rica e tradicional, deixava a desejar (o desodorante sempre vencido, e por aí vai).

No voo de volta para o Rio, a Zu morena estava muito empolgada, até que a Zu loura confessou que estava insegura com os franqueados, porque, depois das observações de Fofo, ficava imaginando as clientes sendo recepcionadas pela Lou, com o tal desodorante vencido, ao entrarem na Zu & Zu de BH, e, depois, no caixa, deparando-se com Ivo com aquelas unhas sujinhas! "Assim não pode e não tem franquia", disse a Zu morena. Depois dessa constatação, Fofo teve a ideia de desenvolver um manual que, até então, ninguém havia adotado e, até hoje, é muito utilizado em várias franquias e praticamente em todas as empresas das quais Fofo é consultor.

Tendo em vista que os colaboradores de uma organização ou entidade têm níveis culturais e econômicos diversos, é preciso ter muito cuidado com nossas colocações, porque ter dinheiro ou fazer parte da elite intelectual não significa ter educação e hábitos básicos de higiene, nem saber conviver com o próximo e respeitá-lo.

Assim, foi concebido o manual de hábitos e procedimentos, que foi batizado como "Lembretes muito importantes", e que é distribuído para todas as pessoas de uma empresa, do mais simples colaborador até o presidente, daí não ser chamado de manual. Imaginem vocês se um diretor ou vice-presidente pode admitir que ele próprio precise de um manual para lembrá-lo da aparência, higiene pessoal etc.

A seguir seguem alguns itens desse livrinho de lembretes (manual disfarçado):

- Verifique se seu desodorante não está vencido.
- Observe se suas unhas estão realmente limpas.
- Mastigue com a boca fechada, é melhor para todos.
- Não urine sem antes levantar o assento do vaso e tenha cuidado para não urinar no chão. O próximo poderá ser você (para os homens).

A primeira franquia

Agora já estavam mais tranqüilos, pois, graças ao livrinho de lembretes, Ivo e Lou enquadraram-se no perfil da Zu & Zu. Por causa da forte influência e presença familiar de Lou na sociedade de BH, a inauguração da primeira franquia foi muito badalada. Claro que tudo foi igual às lojas do Rio, desde os mínimos detalhes da decoração até a escolha das vendedoras, o treinamento e, também, as superstições já tradicionais nas aberturas das lojas.

A loja foi um sucesso e é campeã em citações nas colunas sociais e de moda de Minas. Hoje, Lou está deslumbrante e quer abrir a segunda loja no BH Shopping.

Outras franquias

Até hoje os pedidos para novas franquias não param e, atualmente, experiência é o que não falta. Quando finalizávamos esta edição, a nona franquia estava em vias de ser inaugurada. A primeira loja de São Paulo, na Rua Oscar Freire, estava aberta havia seis meses e as Zus já estavam posicionadas no mercado paulista, com muito destaque, vencendo o tabu segundo o qual marcas cariocas não vencem em São Paulo e marcas paulistas não se estabelecem no Rio. Em virtude do sucesso alcançado, enquanto concluíamos este livro, as Zus procuravam uma loja no Shopping Iguatemi para abrir a segunda loja paulista.

A responsabilidade social como aprimoramento empresarial

Em momento algum durante essa trajetória de sucesso nossas Zus esqueceram-se de suas origens ou de suas primeiras colaboradoras. As instalações da casa na qual funcionava o centro de treinamento, ao lado da cooperativa, foram ampliadas e um prédio de três andares (gabarito permitido no local) foi construído para abrigar a ONG fundada pelas empresárias da Zu & Zu.

Fazendo e acontecendo

Com objetivos bem claros, a ONG tem como meta principal a valorização do indivíduo no decorrer da vida, desde a formação inicial como ser humano até sua educação e seu aprimoramento, independentemente de idade, cor, sexo ou religião. Oferece cursos profissionalizantes a partir dos 14 anos, com opção de especializações que vão desde a área de produção ao design de moda, passando por corte e modelagem de roupas, e cursos profissionalizantes de técnicas de venda, produção de vitrines e ambientação de lojas.

Vale a pena chamar atenção para o fato de que grande parte dessa força de trabalho desenvolvida pela ONG tem endereço certo: a grife Zu & Zu.

O comprometimento com o resultado

Foi dessa forma que nossas amigas da Zu & Zu conseguiram chegar onde estão e, pelo que se comenta no mundo da moda, vão ultrapassar nossas fronteiras, pois, segundo Ancelmo Gois, o mesmo colunista que anunciou a abertura de sua primeira loja, há dois pretendentes à franquia nos Estados Unidos – um em Nova York e outro em Los Angeles.

Assim, consolida-se uma marca que tem como seu foco principal seres humanos, que amam e querem ser amados.

Aqui está a essência do endomarketing (marketing interno): seus funcionários precisam "comprar" sua mensagem antes dos clientes. Eles precisam entender por que o seu produto ou serviço é importante, saber o que ele pode fazer pelos clientes, acreditar na sua integridade e se inspirar para torná-lo ainda melhor. Os funcionários precisam compreender os objetivos da empresa e o porquê desses objetivos. Eles precisam ser tratados como adultos que podem lidar com a verdade, mesmo quando ela não é muito agradável. Eles precisam se unir para, juntos, construir e fazer crescer a empresa.

Finalmente, eles precisam ter orgulho do que fazem e de onde trabalham. Quando os funcionários de uma empresa se sentem assim, todos percebem, especialmente os clientes.

> O resultado será a satisfação do seu cliente, ou seja, as estratégias de endomarketing viabilizarão suas ações de marketing, facilitarão as vendas e a melhoria dos serviços e aumentarão a fidelidade do seu cliente, porque você tem pessoas preparadas para atendê-los da forma adequada. Os lucros crescerão consideravelmente dentro da sua empresa, já que a equipe formada fará o cliente retornar sempre ao seu negócio, com mais assiduidade e com a chance de comprar cada vez mais seus produtos.[5]

---

5 Trecho extraído de uma das palestras ministradas pelo autor.

Conheça outros títulos relacionados ao assunto

A Editora Senac Rio de Janeiro publica livros nas áreas de administração
e negócios, beleza e estética, ciências humanas, comunicação e artes,
desenvolvimento social, design, educação, turismo e hotelaria,
gastronomia e enologia, informática, meio ambiente,
moda e saúde.

Visite o site www.rj.senac.br/editora, escolha os títulos
de sua preferência e boa leitura.

Fique atento aos nossos próximos lançamentos!

À venda nas melhores livrarias do país.

Editora Senac Rio de Janeiro
Tel.: (21) 3138-1385 (Comercial)
comercial.editora@rj.senac.br

Disque-Senac: (21) 4002-2002

Este livro foi composto na tipografia Rotis, por Gabriella Carneiro,
e impresso pela gráfica Walprint Gráfica e Editora Eireli, em papel *offset* 90g/m²,
para a Editora Senac Rio de Janeiro, em fevereiro de 2013.